JN049711

新　潮　文　庫

THIS IS JAPAN

英国保育士が見た日本

ブレイディみかこ著

新　潮　社　版

11235

目次

本文中のデータ・肩書き等については、
一部をのぞき取材当時のものです。

THIS IS JAPAN

英国保育士が見た日本

はじめに

　2015年の夏、日本に帰省したおりに東京で数人の人々と食事をしていたのだが、そのとき、「ブロークン・ブリテン」という言葉が話題になった。

「ブロークン・ブリテン」というのは「壊れた英国」という意味で、元英国首相のデイヴィッド・キャメロンが労働党から政権を奪ったときに多用した言葉だ。彼は2000年代の英国におけるアンダークラスの台頭や下層社会でのモラルの低下を「ブロークン・ブリテン」と呼び、荒れた社会の修復を約束して政権に就いたのだったが、以降この言葉は格差が固定し、社会流動性がなくなり殺伐とした英国社会を指す言葉として定着していく。

「英国の人たちからすれば『ブロークン・ブリテン』なんていい言葉じゃないんだろうけど、響きが何か格好いいよね」

と言われたので、わたしはとっさにBBCニュースのサイトで読んだ記事のことを

思い出し、

「ああ、そういえば、こないだBBCの記事で『ブロークン・ジャパン』っていう言葉も使われてたよ」

と言った。

するとなぜか、それまでにこやかに笑っていた人々が急に顔にパンチを食らったような表情になり、しんとなった。

「もうそんなことを……言われているのかあ……」

がっくり肩を落としてつぶやいた人もいた。

ふだん日本はもうダメだとか、終わっているとか、日本の政治や社会について大胆に批判している人々が、なぜ今さら「ブロークン・ジャパン」という言葉を聞いてこんなに落ち込んでいるのだろうとわたしは不思議に思った。

「ブロークン・ジャパン」という言葉が使われたBBCニュースの記事は、「女性がブロークン・ジャパンの修復に一役買えるのか」という題名で、アベノミクスが明らかに機能していない日本はまだ「終わっている」わけではないが、少子高齢化で人口が減少している国が成長するのは困難だ。その解決法の一つは女性の力をうまく活用することだろう、という主旨のものだった。

もちろん、これは英国のBBCの記事だから、「ブロークン・ブリテン」という言葉をもじって「ブロークン・ジャパン」と呼んだのであり、日本の下層社会が英国ばりに荒廃しているとかそういう意味で使われたわけではない。

しかし、女性を活用するといっても、日本には女性をめぐる古い価値観があり、東京のトップ大学の女学生が就職の面接で「子供を産むつもりですか?」と質問されたとBBCの記者に語った話や、フルタイムの仕事と家庭生活の両立がいまだに困難な日本のワーク・カルチャーについて書かれてあり、女性の力の活用は日本では実現しないだろうと結論されていて、明るい未来を感じさせる終わり方にはなっていなかった。

また、同じ年、英国の政治雑誌『ニュー・ステイツマン』にも日本に関する印象的な記事が出ていた。それは、日本の地方のさびれた村に行き、老いた家主が亡《な》くなったあと、そのまま放置されている家屋を見てきた英国人ライターが、そのうら寂しい様子を「ゴースト・ホーム」と呼んで詳細に記述し、少子高齢化の最先端を行く日本社会の現状について書いたものだった。読んでみれば英国の下層の街とはまた違った意味で日本の空き家も荒れ放題だし、こうした家屋がゴロゴロ出てくるようになっているとすれば、日本もまた日本なりのブロークンな状況になっているのではないかと思った。

英国でもこんな記事が目に付くようになってきたのだから、当の日本の人々はもっとこうした感慨を持っているはずだとわたしは思っていた。日本には毎年帰省していたが、海外に住む多くの人々が知っているように、帰省というのは空港から実家へ、そしてまた空港に戻って在住国に帰るというパターンで終わる。子供を持つと特にそうなりがちだ。だからほぼ10年ぶりに東京へ行っていろいろな人に会って話をするのは刺激的だったが、なかでもとりわけ印象的だったのは「ブロークン・ジャパン」という言葉を聞いたときのその場にいた人たちの表情だった。

そこにあるものをあんまり見ていないようなところは昔から日本の人々にはあった。目をそらす、というほど意志的なものでもなく、もう本当にはなから目の前に明確にあるものが目に入っていないような感じである。

例えば、わたしはバブル世代と呼ばれる年代の人間だが、わたしが育った時代の日本はいわゆるイケイケの好景気の時代だった。「一億総中流」という言葉が完全に現実になったと思われていた時代である。

そんな時代に高校生になったわたしは、バスの定期代を稼ぐために学校帰りにスーパーでアルバイトしていたのだが、それが学校にバレて担任に呼び出されたことがあった。どうしてアルバイトなんかしているんだと聞かれたので、定期代を払うためだと答えると、担任はこう言った。

「嘘《うそ》をつくな。いまどきそんな高校生がいるわけがない」

え？　と思って担任の顔を見ると、彼の目は正義感にギラギラ燃えていた。

「俺の存在を頭から否定してくれ」と歌っていたのは、当時INUというパンクバンドに在籍し、現在は小説家の町田康だが、別にそんなことをこちらからお願いしなくとも、わたしの存在は頭から否定されていた。どんな世の中にも貧乏な家庭はあるはずなのに、あのころの日本の人たちは「そんなものはあるわけがない。自分たちはみな同じなのだ」という共同幻想を抱きすぎていて、目の前に貧民がいてもそれが全然目に入らなかったのである。

だが、わたしが過去20年間住んでいる英国という国はまったく違う。この国には階級というものが確固として存在しているからだ。別にカースト制度のようなものがあるわけではないが、それは人々の心のなかにあり、だからこそ余計に始末が悪いというか、一種の呪いと言ってもいいぐらい英国人はその意識から抜け出せない。息子の友人の父親であるカナダ人の大学の先生が、

「この国の人々は階級意識にとりつかれている」

と言っていたが、それはびっしりと英国人のサイケにこびりついていて、例えば先般おこなわれて世界の人々に衝撃を与えた英国のEU離脱投票なんてのも、一部メディアには「労働者階級の反乱」と表現された。生活苦と明日への不安で不満をためた労働者階級の人々の怒りが、彼らをアンチ政権、アンチ・エスタブリッシュメント感情に駆り立て、EU離脱などという暴挙に向かわせたというのである。

こう書いてくると英国の労働者階級というのは分別も品もない困った人々のように思われるかもしれないが、実はわたしは英国に来て、この階級に飛び込んで生活するようになって、とても気が楽になった。彼らはわたしと同じ階級の人々だったからである。だが、日本と違っていたのは、この人たちは「自分にはお金がない」と高らかに言うことができ、貧乏人はここに確かに存在するんだとやかましいぐらい主張して、それがあまりに堂々としているものだから「ワーキングクラス・ヒーロー」などと呼ばれてクールな存在とさえ見なされていた。彼らは、貧乏なのは自分のせいだと自らを責めるのではなく、「貴様らがしっかりやってくれないから、末端は苦しいのだ」と政府に拳《こぶし》を上げ、相手が無視を続けると暴動や反乱すら起こすのである。

確かにいまは英国でもこの層の人々はダサい社会悪の根源と見なされ、昔のように「ワーキングクラス・ヒーロー」ともてはやされることはない。が、彼らはけっしてひるまない。ブロークン・ブリテン上等、と言わんばかりのやけくそのパワーで突き進むので、この先どんなに大変なことになっても、とりあえずこの人たちは死なないだろうと思わされてしまう。

翻《ひるがえ》ってわが祖国である。

そこで暮らしている庶民には、ブロークン・ジャパン上等の気構えはあるだろうか。それどころか、ひょっとするとまだ沈んでいる自覚さえないのではないだろうか。

わたしはそうした疑念を抱いた。

そしてそのことが20年ぶりに1カ月という長期に渡って日本に滞在し、様々な人々に会って本書を書くうえでの下敷きになった。

もとよりわたしは地べたの保育士であり、無学な人間なので、何らかの日本の問題点を探り出し、突破口を見つけるなどという大それたことは最初から想定していない。ただ日本でわたしが出会った人々や、彼らがわたしに見せてくれたことを記録しておきたいと思った。

１９０２年にロンドンのイーストエンドの貧民街に潜入して取材記を書いたジャック・ロンドンは、その著書『どん底の人びと　ロンドン１９０２』を「心と涙」で書いたルポルタージュと呼んだ。２０１６年２月の東京の取材記である本書はそこまで激烈なルポではないが、「実際に自分の目で目撃したものだけを信用するのだ」という彼の書き手としての姿勢だけはわたしも常に持っておきたいと思う。

（本書は取材に基づいて書かれていますが、プライバシーに配慮し、一部詳細を変更しています。）

第一章　列島の労働者たちよ、目覚めよ

キャバクラとネオリベ、そしてソウギ

「木曜日にソウギがありますよ。行きますか」

フリーター全般労働組合共同代表の山口素明《もとあき》さんにそう言われたとき、

「は？　お葬式ですか？」

と惚《とぼ》けた答えを返してしまったわたしは、それぐらい労働争議というものについてわかっていなかった。そしてよくわからないくせに「はい、行きます」と言ってしまったわたしは、その「ソウギ」がおこなわれる晩、上野の仲町通りを歩いていた。怖そうなガタイのいいおじさんなのにやけに優しい笑顔が印象的な山口さん、ショートカットのストイックな風貌《ふうぼう》にきらりと知的な瞳《ひとみ》が光るキャバクラユニオン執行委員の布施《ふせ》えり子さん、キャバクラ嬢のエグチさん（仮名）、巨大なトラメガをキャリーに載せて運んでいるカーキ色のアーミーパンツの青年、口元に赤いバンダナを巻いた青年、の5人がわたしの前を歩いていた。一行は「ゴシッププリンセス」（仮名）と呼

ばれるキャバクラを目指している。目の覚めるようなブルーのアイシャドーをつけたエグチさんはそこで働いていたのだが、約150万円にものぼる賃金が未払いになっているため、キャバクラユニオンに相談に来たのだという。

原色のネオンが輝く夜の仲町通りには、「キャッチ」と呼ばれる客引きのスーツを着た兄ちゃんやおっさんたちがずらりと並んで立っていた。いずれもあまりガラのよろしそうにない顔つきと目つき。狭いストリートに入っていくと、彼らが一斉にこちらに近づいて来て何やら意味不明の言葉をわめきたてた。それは、腹をすかせた池の鯉《こい》が水面に放られたパン屑《くず》にわっと群がる様子を連想させた。

「働け！」

金髪の黒服の兄ちゃんが目をギラギラさせて叫んだ。

「働け！」

頭髪が薄くなってパンチとスキンヘッドが融合したような髪型になったピンストライプのスーツのおっさんも怒鳴る。

若いお嬢さんにしては不思議なほど静まり返った目をしたエグチさんは、男たちの罵声《ばせい》を無視して通りをずんずん進んでいく。

「働け！」とは何を意図するのだろうとわたしは思った。一昔前までは可愛《かわい》い女の子を水商売にスカウトするには、あの手、この手でうまいことを言って、優しくおだてあげてホステスにしたもんだが、ひょっとするとわが祖国では経済の縮小と共にリクルートの手法も荒《すさ》み、「働け！」と単刀直入に女の子を勧誘するようになってしまったのだろうか。だが、労働争議に向かう途中の労働者を仕事にスカウトするというのも何か変な話だし、第一そういう傲慢《ごうまん》なオファーに乗って来る女子なんて、よほどマゾヒスティックでもない限りいないだろう。

そう訝《いぶか》りながらキャバクラユニオンの一行について行くと、彼らは雑居ビルの２階にあるゴシッププリンセスという店の内部に入っていった。

「責任者の須藤さん（仮名）はいらっしゃいますか」

キャバクラユニオンの布施さんがボーイの男の子に聞く。まだそうとう若そうなボーイだ。日本で近年『黒服物語』というドラマがあったと後で知ったが、このボーイはそういう現代風のボーイではなく、どちらかといえば昭和のヤンキーを髣髴《ほうふつ》とさせる髪型と顔つきをしていた。上野という地域性なのだろうか。

須藤さんはいないし、連絡も取れないとボーイは言った。ユニオンのメンバーたちは、オープン前の店のソファーにどっかと腰を下ろす。こうやって須藤さんが来るまで待つつもりのようだ。

「今日は営業しません。もう閉めますから、出て行ってください。鍵《かぎ》かけますよ」

鍵をジャラジャラさせながらボーイが言うと、

「また私たちを閉じ込める気ですか？」

理知的な瞳を眼鏡の奥で光らせて布施さんが抗議した。うわ。これはヤバいことになってきたなと思って、トイレさえ店内にあれば閉じ込められても何とかなるかと思い、それらしいドアはないかと探していると山口さんがこちらに近づいて来た。いったん店の外に出ると言う。撤退したと見せかけて責任者をおびき出す作戦らしかった。

「では、今日のところは帰りますけど、須藤さんの連絡をお待ちしています。給料が支払われていませんから、その件についてお話ししたいんです」

そう言って店を出て行く布施さんの後を追い、わたしたちも外に出た。再び仲町通りの黒服軍団に「もう帰ってくんなよ」「アホ」と罵倒されながら大通りに出て、少し離れた場所にあるカフェで時間を潰《つぶ》すことになった。

「キャバクラはネオリベの最先端を行ってるよ」

と山口さんは言った。

そこで彼はわたしに給率制《きゅうりつせい》といういかにもややこしいキャバクラ界の給与体系について説明してくれた。これはつまり、自分の給料が個人的売上の何％になっているか

マーガレット・サッチャー（1925-2013）
1979年から90年まで英国首相。国営企業を民営化するなど新自由主義政策をすすめた（Photo by Margaret Thatcher Foundation）

を割り出す計算法だそうで、30万の給料でも15万しか売上がなければ給率は200％（給料が個人売上の2倍ということ）になり、「お前は給料を貰《もら》いすぎている」と言われて時給を大幅に下げられたり、「使えない人材」として「バカ」「ブス」といった言葉による虐待《ぎゃくたい》を受けることもあるという。

だが、残業代廃止、完全能率主義などという、故マーガレット・サッチャーでもそこまでは言わなかっただろうゴリゴリの新自由主義に向かい始めた日本では、ほかの業界にもこの殺伐とした給与システムが広がっていくのは時間の問題ではないかと山口さんは言った。「あなたの1カ月当たりの労働生産性は10万円ですが、給与は25万円なので、給率は250％です。来月から大幅減給します」という給与体系である。

が、どうやらキャバクラの給与体系を複雑にしているのは給率制だけではないらしい。なんだかいろいろなものが差っ引かれてしまうというのだ。

「普通に給料から税金として10%が引かれますが、実は店側は納めていない場合が多いんです。あとは、厚生費や雑費という名目で給料から引かれていきます……。ヘアメイク代とか送り代とかそういうのだけじゃありません。ティッシュペーパー代に1000円引かれてたり、ボールペン代や、客に出すおしぼり代ってのもありました」

「製氷機代ってのもあったよね」

「遅刻や欠勤の罰金もあるし、時給3000円とか言われていても、実際にはその半分しか貰ってないことが多い。あれこれわけのわからないものを引かれるともともとの時給が低い人たちでは最低賃金を割っているケースもある」

「給与の未払いがあっても日払いでちょこちょこ貰ったりするから、たとえそれがギリギリ生活できるぐらいの金額でも、続けさえすれば何とかやっていけると思って黙って働いている子たちもいる」

布施さんや山口さんの話を聞いていると、いったいいつの時代の労働者の話なんだよと思えて来た。女工哀史《じょこうあいし》ならぬ、キャバ嬢哀史である。

そしてこの現代の奴隷《どれい》制を成立させているのが、絶えず互いに競争させられる新自由主義の論理なのだという。給率制とやらで売上と給与をパーセンテージで比較される（そんなものが単純に1対1で比較できるはずないではないか。店側にはすでにテーブルチャージも入っているんだし）、給与のほうが売上より多いことを明示された女の子たちは自信を失い、「私が悪いのだ」と思い込んでしまう。すべてが「自己責任」に帰結してしまう日本人特有のメンタリティーがこのネオリベ奴隷制を強固なものにしているのだという。女の子たちは互いに給料の話をすることも禁止され、賃金の話をしていることが店側にわかると解雇されたり、厳しく減給されるケースもある。それぞれシフトが異なっているので時差出勤で時差退勤だから、ヘアメイクしているときぐらいしか女の子同士が話す時間もない。個人単位にばらけさせて互いに競争させ、成績によって差別的に各人の待遇を変えて、女の子たちが群れて文句を言ったり、連帯して雇用主と闘ったりさせないようにする。実に巧妙な管理法ではないか。

が、いったい女の子たちはそうした劣悪な労働からなぜ逃げようとしないのだろう？　あれこれ差っ引かれて搾取《さくしゅ》されているのであれば、昼間の仕事と比べて特に割りがいいわけでもないし、常に孤独に競争させられているのであれば、精神的にも参ってしまうのではないか。

「ユニオンには切羽詰まった相談の電話なんかもあるんですか？　例えば、病んでいる感じの電話とか」

とわたしが聞くと、布施さんが言った。

「もう本当に、みんな滅茶苦茶《めちゃくちゃ》に病んでますよ。まず、お給料払われないっていうだけでもそうだし、暴力的に管理されてて、脅されてお店を辞められないということもあるので。10代で初めて働いたのがキャバクラやガールズバーだという場合は、働ければそれでいいと思っていることもあるし。給料は貰っていたんですが、計算すると時給400円ぐらいしか貰ってなかった子がいました。彼女は店長から常に自尊心をなくすようなことを言われていました。お前はバカだからここでしか働けないとか、よそのキャバクラに行っても稼げないとか、お前の稼ぎが悪いからみんなの給料が払えないとか」

エグチさんは表情ひとつ変えずに布施さんの話を聞いていた。キャバクラ界の残酷話が展開されているなかで、「そうなんですよ」と相槌《あいづち》を打つわけでも、「ひどいですよね」と怒りを示すわけでもなく、頷《うなず》くことさえしない。まるでまったく自分には関係のない話を聞いている人のようだった。彼女はきっと、もういちいちいろんなことに反応するのはやめたのだろう。

1時間ほどカフェで話をした後、わたしたちは仲町通りに戻った。またキャッチたちがぞろぞろこちらに近づいて来る。ここでは別件でも争議をおこなったことがあるので、キャバクラユニオンのメンバーたちは面が割れているようだった。

「あんたらまた戻って来て何やってんの」

「さっさと帰れ」

ガラのあまりよろしくない顔つきの男たちが口々に罵《ののし》った。

「働け！」

また誰かが言ったのが聞こえた。

何があっても、どんな目にあわされても「働け！」

ゴシッププリンセスの扉には鍵がかかっていた。布施さんによれば、すでにお店のウエブサイトもなくなっているらしい。従業員の給与未払いを繰り返してはヤバくなったら店を潰し、また新たな名前のキャバクラを別の場所に開店する経営者も少なくないという。「焼き畑」式経営と山口さんは言っていた。このキャバクラもそうした経営をおこなっている個人または会社のものなのかもしれない。

「こうなったら外でやりましょう」

と布施さんが言った。店内で争議できない場合は、ストリートに立って抗議活動をおこなうらしい。わたしたちを店内に閉じ込めようとしたボーイが他店の黒服たちと一緒に通りに立っていたという。布施さんは、まだ責任者が店に顔を出す可能性はあると踏んでいるようだった。

一行はまたぞろ雑居ビルの階段を下りて仲町通りに出た。そしてゴシッププリンセスが入っているビルの前に並んで立ち、キャバクラユニオンの黄色い旗をおもむろに広げる。

わっと黒服たちがこちらに群がって来た。近所のビルから他店の従業員たちも出て来る。上野の仲町通りはキャッチや黒服の男性従業員の結束が特に強いと布施さんが言っていた。彼らは同業者同士で強固なコミュニティを形成していて、「敵が来たら全員でぶっ潰す」というチームスピリットがあるらしい。そして今夜の彼らの敵は、ほかならぬわたしたちなのだ。どこからともなく現れたマスクをつけた髪の長い女性が、いきおいよくユニオンの巨大なトラメガに突っ込んできた。

「てめえらうるさくて営業できねえんだよ！　こんなもん持ってきやがってえぇ」

と女性はキャリーに積まれたトラメガに手をかけてきた。赤いバンダナを口元に巻

抗議活動をするキャバクラユニオン（右の３人）と取り囲むキャッチ（左）

いたユニオンのメンバーの青年と山口さんが背後からそれを止める。30代ぐらいだろうか、マスクをかけた女性は「うっせえんだよてめーらああ」と叫びながらそれを振り払おうと暴れている。

「あれ、どっかの店の女の子？」

アーミーパンツを穿《は》いたユニオンのメンバーに尋ねると、

「女性のキャッチ、でしょう」

と彼は答えた。

「このビルの2階にあるゴシッププリンセスは従業員に賃金を支払っていません。私たちは責任者の須藤さんに出て来て組合との交渉に応じていただきたいのです。働いたのに給料が貰えないなんて、みなさんおかしいと思いませんか？」

トラメガのマイクを握りしめて山口さんが大音量で語り出したころには、黒服やらキャッチやらなんだかよくわからない人々やらの怒号は最高潮に達していた。わたしたちを閉じ込めようとしたボーイも姿を現して山口さんと布施さんの前に仁王立ちし、

「何やってんだよ、てめーら、いい加減にせえよー、おらあぁ」

と体を弓なりにして威嚇《いかく》している。

「さっさと帰れ！」

「勝手なことやってんじゃねえ、アホが！」

「だっせーなあもう」

と嘲笑《ちょうしょう》してわざとらしくユニオンのメンバーの前に立ち、スマホをかざしてアップで一人ひとりの顔の動画を撮ろうとする黒服たちもいる。ポップコーンが宙に舞い始めた。誰かがこちらに向かって投げているのだ。一行の真ん中に立っているエグチさんを目がけて空き缶が飛んだ。またマスク姿の長身の女性が戻って来て「りゃあああん」と意味不明の奇声を発しながらキャリーの上のトラメガに手を出そうとし、アーミーパンツのユニオンのメンバーがそれを止めようとする。

ふと前方を見ると、マイクを握っている山口さんの前に、ホームレス風の外見の初老の男性が立ちはだかっていて、何かわけのわからないことをがなっている。彼はき

っとこの界隈《かいわい》で有名な人に違いない。黒服やキャッチはみんな彼を知っているらしく、ちょっと吉本興業の坂田利夫を髣髴とさせる彼が騒ぎの中心に立っているのを見て笑っている。注目を一身に浴びてエキサイトしているらしいその男性は、顔を上気させて笑いながらエグチさんのほうに近づき、小躍りにジャンプして叫んだ。

「働けっ！」

げらげらとさざ波のように笑いが広がる。わたしの脇《わき》に立っていた若い黒服がダミ声で野次を飛ばした。

「そのとおり！」

ここに来てようやくわたしはこの言葉の意味がわかったのである。彼らは、賃金未払いを訴えている人に対して、まだ「働け！」と言っていたのだ。

「働けっ！」

ウケたものだからくだんのホームレスっぽい男性がもう一度嬉《うれ》しそうに叫んだ。

わたしは周囲で笑っている労働者たちの顔を見た。黒服、キャッチのおっさんや青年たち、昔はキャバ嬢だったけど加齢してキャッチに転身したのかもしれないマスクをしたお姉さんたち。彼らだって売上や出来高で競わされている労働者なのだろうに、その労働者たちが、タダ働きさせられている労働者に「つべこべ言わずに働け」と言っている。

パトカーが仲町通りに入って来て、警官数人が降りて来た。彼らは山口さんに食ってかかっているホームレス風の男性の腕を取り、群れから離れた場所に連れて行った。警察もキャバクラユニオンの争議には慣れているようで、組合側と黒服たちの衝突がエスカレートしないように遠巻きに監視しているという感じだった。

小一時間も抗議活動をしただろうか。ストリートで黒服やらキャッチやらにがなりつけられた時間はわたしには長く感じられたが、実際にはそれより短かったのかもしれない。エグチさんの終電の時間があったので、今日のところはそれに合わせて引き上げることになった。仲町通りから出て大通りの横断歩道を渡りきるまで血の気の多い若いキャッチたちがこちらを追いかけて来た。トラメガを乗せたキャリーを引いていたアーミーパンツのメンバーの青年の首筋に、キャッチの一人が飛ばしたツバがべっとりとついた。

「大丈夫ですか？」

キャッチたちを振り切ったところで、赤いバンダナのメンバーの青年がわたしに聞いた。

「大丈夫ですけど、いつもこんな感じなんですか？」

「今日のはけっこう荒れたほうです」

この青年もボーイとしてキャバクラで働いていたことがあると言っていた。長時間労働や精神的プレッシャーに耐えられず、メンタルを病んで辞めたという。その彼が現在はユニオンで相談の電話を受ける側に回っている。どんなアドバイスをしているのかと聞いてみると、組合の枠のなかで、組合にできることを案内していると控えめに言っていた。

「あのキャッチだって、どんな待遇で働いているのかは知らないけど、不満がまったくないわけはないだろうし、同じように雇用主に使われている労働者なのにね」

わたしがそう言うと、前を歩いていた布施さんが、キャバクラの労働者ピラミッドでは、キャッチはキャストの女性たちより上の存在なのだと言った。しかも、あれだけ団結して組合と闘えるということは、彼らはきちんと賃金を貰っているのだろう。だが、自分が勤めている店のことでもないのにあれだけ団結して組合員を罵倒し、攻撃することができる理由が、「俺は給料貰ってるからどうでもいいもん」という意識や、近所で働く仲間たちのコミュニティ・スピリットだけだとは考えにくい。彼らがユニオン一行を見る目は、それだけでは説明できないダークなものを帯びていた。

上野駅に着いた一行は、駅の前で輪になって今日の反省会をおこなった。

争議が緊迫している最中にいきなりマイクを摑《つか》んで「たてえー、飢えたる者ーよおお」と古式ゆかしい左翼ソング「インターナショナル」を歌い出したアーミーパンツ君が、「あそこでいきなり歌ってのは、ちょっと唐突すぎるよね」と山口さんにたしなめられていたのにはつい笑ったが、それ以外では、やはり争議中に現れたホームレス風の男性のことが誰もの印象に残っていたようだった。

「働いても給料を貰えないから闘ってるのに、働け！って……。いったい何言ってるんだろうね」

山口さんが優しい口調でエグチさんに言った。

「そうですね……」

エグチさんは相変わらず顔色一つ変えずに落ち着き払った声でそう言った。

労働する者のプライド

わたしがキャバクラユニオンのメンバーたちと一緒に仲町通りに立っていたとき、しきりに思い出していたのは英国から成田へ向かう飛行機のなかで見た映画のことだった。それはサラ・ガヴロン監督の『SUFFRAGETTE（サフラジェット）』という作品で（日本では2017年1月に『未来を花束にして』の邦題で公開）1910年代を舞台に女性参政権を求めて闘った英国の女性たちを描いた映画だった。キャリー・マリガン演じる主人公が、著名な女性活動家ではなく、工場で働く末端の女性労働者だったので、地べたの女の目線で見た女性参政権運動映画と英国では大きな話題になった。

『SUFFRAGETTE』、監督サラ・ガヴロン、106分、英国、2015年

　この映画のなかで、主人公が同じ工場に勤めている女性参政権論者の影響を受けて運動に参加するようになったとき、職場で周囲の同僚たちから迫害を受けるシーンがある。男性の同僚だけでなく、女性の同僚も「Shame on you!（恥を知りなさい）」と彼女を罵倒し、村八分にする。工場の女性労働者たちは男性よりもずっと低い賃金で働かされ、工場長に性的に凌辱《りょうじょく》され、劣悪な職場環境のなかで労働者ピラミッドの底

辺にいる奴隷として扱われてきた。主人公と同じようにそのことに不満や怒りを感じているはずの女性労働者たちが、「もうこんなことには耐えられない」と立ち上がった主人公になぜか憎悪《ぞうお》の視線を向け、いじめる。

あの上野の仲町通りで目の当《ま》たりにした光景も、それに似ていた。キャバクラ嬢たちの労働条件の凄《すさ》まじさを聞いたとき、いったいいつの時代の話なんだと思ったのもあの映画を思い出した理由の一つかもしれない。あの時代の英国の工場でもまた、労働者たちが、運動に参加する労働者を目の敵《かたき》にしていた。みんな不幸、みんな大変、みんな辛《つら》いのだから、この共有の受難の輪を乱すやつは許さないとばかりに一丸となって、状況を改善しようとする者を攻撃する。そもそもの「みんなの不幸」をつくりだし、それを運営している上部には怒りのベクトルが向かわなかったのだ。それは労働者たちが、彼らを取り巻くシステムが変わりうるとは想像もできなかったからだろう。淫《みだ》らなまでに格差が広がっていたヴィクトリア朝からエドワード朝にかけての時代を生きた庶民には、平等とか公正とかいうコンセプトは、自分たちとは関係のないどこか上のほうで展開されていることだったのだ。

『サフラジェット』という映画自体は、わたしはあまり好きではなかった。憔悴《しょうすい》し、一途《いちず》に思いつめた女性活動家が自らの命を捨てて（競馬レース場で全速力で走る国王の

『パレードへようこそ』、監督マシュー・ウォーチャス、121分、英国、2014年

馬の前に身を投げ出して）訴えたことがきっかけとなり、女性参政権は実現した、という描き方はあまりに暗いし、陰惨すぎる気がしたからである。誰かの死と運動の勝利をリンクさせる結末は、個人的には好みではないし、「社会運動はちょっと精神的にヤバい人がするもの」みたいな、当時の労働者たちが持っていた偏見とあの映画のラストシーンの撮り方は図らずもシンクロしてしまっていた。

だが、ジェンダーの問題にしても労働や人種の問題にしても、英国社会で「ヒューマン・ライツ（人権）」が勝ち取られて来たのは、ディベートやツイッターでの論破などということではなく、現実に街頭で血が流されてきた結果なのだ。『サフラジェット』にしても、レディーファーストの国であるはずの英国で、参政権を求めて闘った女性たちは警官の男たちに殴られ、蹴《け》りを入れられ、血まみれになって倒れていた。忘れられがちな女性運動のヴァイオレントさを思い出させた意味では貴重な作品である。

一方、同じ英国映画でも、1910年代から70年が過ぎた1984年を舞台にした『パレードへようこそ』では、そうした運動の血なまぐささや陰惨な部分は希薄になり、人民の「ユナイト」がテーマになる。この時代まで来れば、同じような境遇で働く労働者が結束して上に向かって拳《こぶし》を上げるのは当たり前のことになり、今度は労働者とLGBTコミュニティという、まったく違う立場だがやはり自分たちの権利を求めて闘っている、異なるセグメントの人々の連帯はありえるのか、という一歩進化した「ユナイト」がテーマになる。

1979年に首相の座に就いたサッチャーはゴリゴリに公共投資を抑えた緊縮財政政策を推し進め、1947年にクレメント・アトリー率いる労働党政権が国営化した石炭業界への補助金を削減して、次々と炭鉱を閉鎖に追い込んでいく。こうした露骨な「小さな政府」志向と、強引に製造業からサービス業への産業構造の転換を図る姿勢は、サッチャーの「非産業革命」とも呼ばれたが、彼女の経済政策は大勢の失業者と貧困を生み出した。1984年から1985年まで続いた英国の炭鉱ストライキは

「失業保険よりも炭鉱で働かせろ」と炭鉱閉鎖に抗《あらが》って立ち上がった労働者とその家族たちの闘いであり、この映画はその時代のウェールズの炭鉱を舞台にしている。

同性愛者を大っぴらに差別していたマッチョ思考の炭鉱労働者たちが、自分たちのストライキを助けてくれる同性愛者たちと出会い、誤解や衝突を繰り返しながらも最後には共に手を携えて国会前をデモ行進する姿は、日本でも多くの人々を泣かせたそうだが、あの映画の原題は『PRIDE（プライド）』だ。「プライド」はもちろん、毎年世界中でおこなわれているLGBTのコミュニティとカルチャーを讃《たた》えるフェスティバルの名称だ。しかし、このプライドは当然ながらダブルミーニングである。

実在の人物たちを実名で描き、現実にあった話をそのまま映画化した同作には、パディ・コンシダインが演じたダイ・ドノヴァンという人物が登場する。ウェールズの小さな炭鉱の組合代表者だった彼は、現在でも『ガーディアン』紙のインタビューで「労働組合員」という肩書きを誇らしげに使っている。映画にも出て来る「ピッツ＆パーヴァート（炭鉱と変態。当時、同性愛者は「変態」と呼ばれて差別されていたので、逆に同性愛者たちのほうから「変態」と自ら名乗ってやった誇り高きブラックユーモアだ）」という炭鉱ストライキ支援の慈善コンサートで、その多くが同性愛者だった聴衆を前に、組合を代表して登壇したダイ・ドノヴァンが実際におこなったスピーチはこうだった。

「君たちは、『COAL NOT DOLE（失業保険ではなく石炭を）』というバッジをつけてくれた。君たちはハラスメントが何なのか知っている。僕たちもそうだ。今度は僕たちが君たちのバッジを胸につけ、君たちをサポートする。それは一朝一夕には変わらないだろう。だが、14万人の炭鉱労働者たちはこの社会には別の問題や闘うべきイシューがあることを知った。僕たちはいま、黒人やゲイや核兵器の問題があることを知っている。僕たちはもう以前の僕たちとは違う」

プライドとは、即《すなわ》ちここで語られている「バッジ」のことだろう。このバッジとは、各人が誇らしく胸につけて歩く矜持《きょうじ》のことである。

『サフラジェット』と『パレードへようこそ』は、両者の間にある70年間に英国の運動とピープルの連帯がどう進化したのかを見せてくれる。

①労働者が闘う労働者を侮蔑《ぶべつ》して妨害した時代から、
②労働者同士が団結して闘う時代に移行し、
③別の問題で闘っている団体とも協力する時代が訪れ、
④労働者たちが社会には様々な問題があることを知覚できるようになり、ユナイトしてすべての人々の権利のために闘うようになる。

これが英国の労働運動史の漸進《ぜんしん》の歴史だとしたら、わたしが上野の仲町通りで見たものはどこにあたるのだろう。

日本の労働運動は、ひょっとするといま、①の状態なのではないか。という疑念にわたしは駆られた。いっぺんは成長したけどそこにまた戻ってしまったのか、あるいは最初からまともに育っていなかったのかはわからないが、とにかくなぜかそこにいるのではないか。労働運動が健やかに広がることも、逞《たくま》しく進化することもなかった社会では、労働する者のプライドは育たないだろう。

フェミニズムと労働

キャバクラという特殊な業界での問題を一般の職場と一緒くたにして日本の労働問題を憂《うれ》うな、と言う人もいるかもしれない。実際、キャバクラユニオンの山口さんや布施さんによれば、キャバクラ従業員たちの賃金未払いの問題を訴えても労働基準監督署から「水商売は難しいよね、特殊だから」と門前払いされるそうだし、「まあだいたい貰ってる金額が普通の仕事とはケタ違いだから」といった古き良き時代のイメージをいまだに抱いている人々も多いという。

だが、今回キャバクラユニオンを取材してわたしが思い知ったのは、同じ水商売でも、わたしがホステスをしていた時代と現代とでは、隔世の感があるということだ。わたしは貧乏な家庭の娘で高校進学も断念してくれと言われていたのを奨学金を貰って高校に行ったぐらいだったから、大学進学もしなかった。そんな貧困層の娘がなぜ80年代にイギリスやアイルランドに留学できたのかと言えば、それは水商売で荒稼ぎしたからである。福岡の中洲《なかす》にもいたし、東京でも六本木や銀座にいたことがある。金がなくなっては日本に戻り、またホステスをやって貯金して渡英するという、若い娘時代のわたしの生活はその繰り返しだった。

「あの時代の女の子は大事にされたよ。ドレスも無料で貸してもらえたし、おいしい賄《まかな》いのご飯も食べさせてもらって、タクシーで帰るお金も貰ってた。だから丸々お金を貯《た》められた。しばらく日本に戻って来てはホステスやって、またイギリスに行ってたもん」

とわたしがカフェで言ったとき、エグチさんは、

「全然いまとは違いますね。そんなことはもうとてもできないと思います」

と、無表情な顔を少しだけ崩して言った。

「女の子たちが仕事を辞めたり、店がなくなったりするとき、最後の月の給料が払われないのはキャバクラ界の常識になっている」

とも聞いたが、わたしが中洲の店で最後の月の給料を貰わずにロンドンに発《た》ったときは、母親に最後の給料を貰いに行ってもらった。母親はわたしの源氏名を知らなかったので入口でちょっと困ったらしかったが、最終的にはマスターから菓子折りのカステラと給料を貰って帰ってきたというほのぼのした話もあった。別に格式高い高級クラブに勤めていたわけではない。普通に若い女の子が大勢いることが売りの、人に言うのがちょっと憚《はばか》られるような趣味の悪いネーミングの店だった。同伴出勤とかそういう制度はあったが、それはあくまでも保証された賃金にプラスで加算されるボーナスシステムであり、同伴しないからといって基本賃金が減らされることはなかったし、光熱費やボールペン代といった店の経費まで差っ引かれて搾取されるようなことは間違ってもなかった。

わたしは貧乏人の娘だったが、いい時代の貧乏人の娘だったのだ。

ある鼎談《ていだん》記事（「『差別されること』が仕事」『季刊ピープルズ・プラン』第67号）で、

キャバクラユニオンにはブログがあるんですけど、そのコメント記事で「〔キャバクラ嬢は〕税金払ってないだろう」って執拗《しつよう》にせめられるんです。で、「何かあったらキャバクラで働けて、そのあと風俗、あとはAVに出る。オプションがあっていいじゃん、女性は」みたいな。ネット上で叩《たた》くとか、キャバクラを利用しない人でも、キャバクラ嬢を差別することでものすごい利益を得ているというか、利用しているんですよね。

と布施さんが話している。また、キャバクラでの客の女の子たちに対する態度について、

「よく色恋営業って言いますけど、そういうのより圧倒的にバカにする客が多いんじゃないかと思います」とも。

こういう傾向は昔からなかったわけではない。「圧倒的にバカにする客が多い」ということはさすがになかったにしろ、水商売の女の子をからかったりいじめたりして日ごろの鬱憤《うっぷん》を晴らす男性たちは80年代にだっていたし、ある意味、それを我慢したり、うまくかわして賢く反撃したりしながら、まあでも基本的には昼間の仕事よりもたくさんお金が貰えるということで自分のなかでチャラにできた。

ところで、英国に住んで日本のことを英国人に質問される機会は多いが、なかなか理解してもらえない事柄の一つが水商売のコンセプトだ。金を払って女の子と話しに行かねばならない必要性がどうしてもピンと来ないらしい。セックスや性的サービスも含まれていないのに、ただ女の子と話をするのにどうして金を使わねばならぬのかと彼らは首をひねる。「別にパブに行ってそこに来ている女の子をつかまえて喋《しゃべ》ればいいじゃん」と何人の英国人男性に言われたかわからない。

「お金を払ったら、何も気にせずに女の子に言いたい放題言えるからでしょう」

と答えると、

「じゃあふだんは言いたいことを言えないのか。日本ってそんなにPC（ポリティカル・コレクトネス。政治的公正）にうるさいのか」

という質問が戻って来ることも往々にしてあるが、PCどころではない。前述の記事のなかで山口さんは日本の男性がキャバクラに行く理由を「どうやら『差別』が公認されてるからなんです」と明言している。そういう客は昔から水商売にはつきものだったにせよ、近年、キャバ嬢を差別し、バカにするような風潮はどんどん強くなっているような印象を受けていると山口さんも布施さんも指摘していた。

同記事の極めつけは、山口さんのこの発言だった。

たとえば従業員が「お金払ってもらってない。ただ働きだよ」って言ったら、客は味方するだろうと思ってたわけ。少なくとも中立だと思ってたら、ぜんぜん違う。店に争議行くと一番猛々《たけだけ》しく怒ってくるのは客なんだよね。それでわかったんだけど、彼らは、男らしさを見せに来てるんですよ。つまり、自分が優位であるとか、組合が来たらそれに「ワー！」とか怒鳴って、「ちょっとやめてよ」と押さえてもらう、その感じを経験しに来ているんですよ。〔中略〕客は全然キャストの味方じゃない。むしろ、そういう場を提供してくれる店の味方になっている。

そういえば、こうした場を提供されて興奮しているような気配は、仲町通りの黒服やキャッチ、坂田利夫似のホームレス風の男性にもあったように思われる。そこには女性の従業員の姿も混じっていたが、彼女たちもまた女がマッチョになれる瞬間をエンジョイしていたのかもしれない。マスクをしていたが、キャバクラ嬢たちよりは年齢がちょっと上のように見えた彼女らもまた、不当に搾取されながらキャバクラ嬢として働き、その末にキャッチに転身した人々かもしれなかった。そういう女性たちが、

伊藤野枝（1895-1923）　アナキスト、女性解放運動家。関東大震災の際、大杉栄とともに虐殺される

街頭に立っているエグチさんを応援するのではなく、「何だよてめえらー」とか「うりゃあああ」とか言って組合のトラメガを破壊しようとしていた。

そもそも、「労働者には賃金が支払われなければならない」という労働契約の基本理念はどこにぶち飛んでしまったのだろう、というのもあるが、労働運動が育たないところには、女性の権利だって育たない。英国の女性参政権運動は、本を読んで理想で頭をぱんぱんにしているインテリ層の女たちだけのものではなかった。工場で長時間働き、薄汚れた部屋で配偶者に殴られ、職場では上司の男たちに性的ハラスメントや虐待を受け、中年になる前に死んでしまう人も多かった下層の女たちもまた、「これとは違う人生があるはず」と立ち上がったのだった。

『サフラジェット』とまったく同時代の日本にも、労働問題と女性解放運動が切り離せないことを本能的に知っていた女性がいた。わたしと同郷の伊藤野枝である。平塚らいてうから『青鞜《せいとう》』の編集・発行を引き継いだ野枝は、かの有名な「無主義、無規則、無方針」編集主義を打ち出し、一部の選ばれたインテリ女性だけでなく、すべての女性たちに誌面を開放した。彼女は、ミドルクラス臭のする当時の廃娼《はいしょう》運動を偽善として真っ向から批判し、当時の運動家が売春を強制されていた女性を「賤業婦《せんぎょうふ》」などという言葉で呼んでいた時点で、そんな上から目線の運動は底が浅すぎてアホくさいと切り捨てた。そんなことばっかり言っていたので関東大震災の混乱のなかでアナキストの大杉栄とともに虐殺されてしまった伊藤野枝だが、彼女がもし生きていて、21世紀の日本のキャバクラ嬢たちの受難を見たら何と言っただろう。少なくとも彼女なら、水商売はフェミニズムや労働問題とは一緒くたにできない「特殊な問題」とは言わなかっただろう。

いまとは違う道はある

英国は労働運動が生まれた国である。世界に先駆けて産業革命をおこなった英国では、世界に先駆けて労働者たちを人間ではなく「モノ」扱いにし、そのために早くから労働者たちがユナイトして立ち上がり、19世紀前半にはすでに全国規模の組合の大連合が組織されていた。

労働者というのは、英語で言えば「レイバー（Labour）」のことだが、この言葉の意味をオックスフォード・ユニヴァーシティ・プレスの辞書サイト（oxforddictionaries.com）で引くと、

1．労働、特に肉体労働

2．労働者たち、特にマニュアルワークの労働者たち、その集合体を指す

という記述があり、興味深いことにこんなことも書かれている。

3．一つの社会的階級、または一つの政治勢力と見なされている勤労者たち

わたしはそれを読んでふと思った。日本語の国語辞典で「労働者」を引いたら、「一つの政治勢力」という意味は書かれているだろうか。

英国の労働運動史は、初期の段階からロバート・オーウェンのオーウェン社会主義やチャーティスト運動などの社会運動とリンクしていた。「協同組合の精神的父」と呼ばれるオーウェンは、産業の発達を担《にな》う労働者たちが貧しい境遇に置かれているのは資本家に搾取されているからだと主張し、強固な組合組織と教育によって労働者の立場を高め、社会を改革せねばならないと信じていた。この流れで出て来たのが19世紀前半から中盤にかけてのチャーティスト運動であり、一部の支配階級にしか与えられていなかった選挙権をすべての成人男子に与え、当時の労働者たちを苦しめていた社会制度の原因になっていた議会政治の腐敗を撲滅し、平等で労働者に優しい社会を実現しようというのがチャーティストたちの主張だった。

つまり、英国の労働運動は単にある業界の被雇用者の賃金を上げたり、待遇や福利厚生を良くすればそれで終わり、というものではなく、常に社会全体における労働者の地位向上を求め、平等な世の中をつくろうというマクロな社会変革を目指すものだった。だからこそ、労働者たちは政治的な一つの勢力となり、レイバー（労働党）という政党が誕生する。

民衆運動と組合の繋《つな》がりは切っても切れない。第二次世界大戦が終結した年に、戦時中に国民を奮い立たせたチャーチル首相を総選挙で打ち負かして誕生した英国の労

トニー・ブレア（1953-） 1997年から2007年まで英国首相（Photo by World Travel & Tourism Council/Flickr）

働党政権は、「ゆりかごから墓場まで」と言われた福祉制度を確立し、いまでも多くの英国人が「この国を素晴らしいものにしている理由」と誇らしく語るNHS（国民保健サービス。無料の国家医療制度）をつくりだした。それは「ピープルの政府」だったと映画監督のケン・ローチも言っている。この政権の支持基盤だったのも組合だし、労働党と組合は長いあいだ一体化していたが、この切り離しをおこなったのが「第三の道」を唱えたトニー・ブレアである。党の枠を越えて「私の一番できのいい息子」と保守党のサッチャーに言わしめたブレアは、労働党政権の首相でありながら新自由主義を推し進め、福祉に力を入れることで庶民を黙らせて、その一方で労働組合とは距離を置こうとした。

こうして組合の人々は労働党に失望し、ちっとも労働者の権利のために闘わなくな

ジェレミー・コービン（1949-）　2015 年から労働党党首（Photo by Jeff J Mitchell/Getty Images News/ ゲッティイメージズ）

って資本家とシャンパンばかり飲み始めた「ニュー・レイバー（新たな労働党）」から離れていくのだが、２０１5年の総選挙で労働党が惨敗《ざんぱい》した後、その組合員たちがぞろぞろと再び労働党に戻って来た。労働党最左派と呼ばれる議員たちのグループから、ジェレミー・コービンが党首に立候補したからである。コービンの支持層は若者であるとよく言われるが、昔から労働党を支えてきた労働組合も彼の大きな支持基盤になっている。

　新自由主義は労働組合を破壊したので、80年代、90年代と英国の組合の組織率（被雇用者のうち組合に入っている人の割合）は急激に落ち、21世紀に入ってからも衰退を続けたため、2015年には24・7%になっている（ちなみに、民間セクターでは13・9%、公共セクターでは54・8%。Department for Business, Innovation and Skills「Trade Union Membership 2015」より）。

わたしの配偶者は1950年代生まれなので、組合の組織率が高かった時代に働き始めたという経緯もあり、またダンプの運転手という生粋《きっすい》の労働者でもあるので、組合に入らないなどということは想像もできないという。彼は運送業者の同業組合に入っているが、やはり以前、組合に助けてもらったことがある。

アイルランドに住んでいた連合いの母親と兄が3カ月の間に続けて亡《な》くなったとき、ほかにアイルランドに家族はいないので英国から連合いが飛んでいって遺体の始末や葬儀などの手配をおこなわねばならず、唐突に仕事を休まねばならない状況が図らずも続いたことがあった。「仕事をさぼりたいときには家族を殺せ」というのは万国共通のコンセプトだが、連合いの場合は真実であったにもかかわらず、ワンマンなタイプの連合いの上司は半信半疑だったらしい。

そもそも、昔はナショナルフロント（1967年に成立した移民排斥を訴える英国の右翼団体）で暴れていたという噂《うわさ》のある上司は、スキンヘッドの大男で考え方も非常にマッチョ、「俺に逆らうやつはぶっ潰す」というような、味方につければ大変心強いが敵に回したら非常に厄介な感じの人だ。そういう人なだけに、「母と兄が住んでいた家が空き家になってるんですが、何かパイプが破裂して水浸しになっていると隣家の人から連絡が入ったので、これからアイルランドに行ってきます」とか言って、葬儀を終えた後もいきなり仕事を休んだりした連合いに対して大いなるムカつきを覚えたらしい。連合いが職場で、ひょっとするとこれは嫌がらせかな。というような苦境に立たされることが妙に増えた。

だが、まあそれだけなら、そのうち上司も飽きて元の状態になるだろう。と連合いはタカを括《くく》っていたのだが、運送業がもっとも忙しく、倉庫の人手が足りなくなるクリスマス前の時期に、連合いは会社の会議室に呼び出され、上司に「今日から倉庫で働け」と言われる。ダンプの運転手は常に自分が運転している車両のタイヤの点検をおこなわねばならず、「空気圧、亀裂《きれつ》・損傷・異常摩耗、溝の深さをチェックして、これは安全に運転できるレベルではないと判断したときにはすみやかにそれを報告し、タイヤを交換してもらわねばならない。連合いの上司によれば、連合いが前日に運転したダンプのタイヤのうち、3本が交換が必要なレベルに達していたそうで、点検を怠った連合いにはダンプを運転させるわけにはいかないので、代わりに倉庫で労働しろというのだ。

が、膝《ひざ》の悪い連合いは倉庫労働を拒否し、「自分はちゃんとタイヤを点検した。1本は摩滅が見られたので報告した」と主張した。が、上司は納得せず、懲戒会議が開かれることになった。最初に会社からメールされてきた証拠書類に添付されたタイヤの写真は4本が安全レベル以下の摩滅や損傷を示していたが、郵送で送られてきた書面添付の写真ではなぜか1本だけが損傷を示しており、そもそも連合いが上司に会議室に呼ばれたときには3本が危険だったという話だった。この4本なのか1本なのか3本なのかはっきりしないというずさんな情報管理はいったい有効なのか、と怒る連合いと一緒に闘ってくれたのが組合の「レップ」、つまり個別相談担当者だった。

英国では、懲戒会議に組合のレップの同席を求めることができ、レップの都合がつかないときは、会議の延期や日程変更を要求する権利がある。弁護士ばりに労働法の知識があり、これまで様々な組合員の懲戒や解雇、争議に関わって来た彼らは、現場での経験を豊富に持ち、様々な事例を知っている頼もしい存在だ。連合いのケースを担当した組合のレップにちらっと会ったことがあるが、これまたスキンヘッドの眼光鋭い大男で、はっきり言って連合いの上司と似たようなタイプの人だった。いかにもダンプの運ちゃんあがりで百戦錬磨の怒らせると怖いおっさんという感じで、英国にはボブ・クロウという交通労組RMTの伝説の指導者がいたが、連合いのレップの風貌は彼によく似ていた。

２０１４年にボブ・クロウが亡くなったとき、『フィナンシャル・タイムズ』を除くすべての高級紙が1面に彼の写真を掲載し、『ガーディアン』紙は「闘志溢《あふ》れる労働者の擁護者だった」と評した。元ロンドン市長のケン・リヴィングストンも「彼のように労働者階級の環境改善のために尽力する人が多くなれば、英国はもっと良い国になる」と言った。衰退したとはいえ、英国では組合はいまでも労働者たちをサポートする存在として機能しているし、個別の組合員を援護射撃するためにレップたちが全国を飛び回っている。

ボブ・クロウ（1961-2014）　交通労組RMTの書記長（Photo by Jarle Vines）

大型トラック運転手たちも組合に入っていることが多いようだが、保育士も同様である。保育士の同僚たちも懲戒会議には組合のレップの出席を求めることが多い。どちらも、社会の底辺に近い労働（賃金も、社会的地位も）でありながら、一歩間違えれば人命に関わることになりかねないシビアな業種の仕事だからだろう。下層に行けば行くほど、労働者たちには組合が必要になるのだ。

連合いのケースは組合レップの活躍により、上司がタイヤ疑惑を取り下げる結果になった。彼は解雇されることも、所属部署を変えられることもなく、これまでどおりダンプ運転手として職場で働いている。最後の懲戒会議の後で連合いが「何かお礼がしたい」と言うと、レップは「じゃあ一杯おごってくれ」と答え、パブで一緒にビールを飲んでから別れたそうだ。どれだけピンチに立たされたように見えても、泣き寝入りさえしなければ何とかなるのである。

日本では、産業、地域、職種などで分かれていて個人単位でメンバーになれる欧州型の合同労働組合ではなく、一つの企業やそのグループ会社の従業員だけで構成されている企業型労働組合が中心だと聞いた。連合いが入っているような、企業とは関係なく同業の人々が個人的にメンバーになれる合同労組は日本では「ユニオン」と呼ばれるそうだが、これは英語で組合を意味する言葉だ。わざわざネーミングが横文字になっているということは、いわゆる日本で通常言われている組合とは違う、欧米のようなコンセプトの組合を目指すという意志の表れだろう。山口さんが代表を務めるフリーター全般労組は2004年に結成されたそうで、派遣社員やアルバイトなど、従来の正社員中心の労働組合では支えきれない労働者を助けるためにつくられたという。労働運動の発祥の地、英国では、新自由主義の果てにその「ユニオン」が弱体化していたが、2015年に労働党の党首になったジェレミー・コービンが再び組合の重要性を説くようになった。実際、彼は組合員たちに人気が高く、「組合との繋がりを再び強化しようとしている時代錯誤な左翼」と党内ブレア派に批判されている。そのコービンは、2016年1月に英国最大の労働組合「ユナイト」のポリシー・コンファレンスでこんな演説をしている（この内容は彼の公式サイトの政策ページで「経済」の見出しの下に保存されている）。

組合のムーヴメントは、我々の労働運動における一つの歴史的な部分です。それは、すべての労働者と、職場のすべての声に価値があるのだということ、つまり「ほかにも道はある」という考え方を確立してきました。

理由なく解雇されるときに、裁判で弁護士を雇うお金がないときに、職安で制裁を受けるときに、人々は「ほかにも道はある」ことを発見するでしょう。彼らが我々に望んでいるのは、自分の分をわきまえ、考えたり疑問を抱いたりせず、言われたとおりのことをすることです。我々がそうしたいのか、我慢しているだけなのかは関係ない。彼らはパワーを持っているから、我々はそれを受け入れなければならない。

ええもちろん、私自身はそんなことを受け入れたことは一度もありませんよ。我々の労働運動は、その無力感と戦うためにつくられたものです。パワーを労働者の手に、ピープルの手に置くために。

（「Jeremy Corbyn's speech to Unite Policy Conference」）

きっと今日も英国から遠く離れた東京の夜の街で、人懐《ひとなつ》っこい笑顔の山口さんと冷静沈着な布施さんは、諦《あきら》めかけたキャバクラ嬢たちに「ほかにも道はある」ことを示すために暗躍しているだろう。

実はあの夜のソウギはエグチさんにとって2回目だったそうだ。エグチさんは以前の職場でもやはり賃金未払いの憂《う》き目《め》に遭っていたそうで、けっこうアンラッキーな人なのかもしれない。が、そのときの未払い金80万円も、キャバクラユニオンがきっちり雇用主から取り戻したと聞いている。

キャバクラがネオリベの最先端を行っているならまずはそこから手をつけようと戦っている人たちが祖国にいる。「この道しかない」なんてスローガンはサッチャーという故人が唱えた大昔のたわごとだ。
労働者がユナイトするところ、必ず別の道は開ける。

第二章　経済にデモクラシーを

経済はダサくて汚いのか

２０１５年12月におこなわれたスペイン議会総選挙でポデモスが大躍進を果たしたとき、党首のパブロ・イグレシアスが、『ガーディアン』紙のインタビューのなかで「Democratize economy」という表現を使っていた。直訳すれば「経済を民主化せよ」になるのだが、どうも日本語にすると響きがよくない。ここでポデモスのイグレシアスが言っているのは、「新自由主義で市場を放任するアナキーな経済政策を推進したおかげでグローバル企業や銀行、スーパーリッチ層が独裁支配するゴリゴリの資本主義的な世界になってしまったから、政治が経済の手綱を握り返して、この異様な状態を終わらせましょう」ということだ。だから「民主化」という言葉を使うと、例えば民営化や自由化を連想されることになりかねず、それでは真逆の意味になってしまう。

そこで思いついたのが「経済にデモクラシーを」といういかにも苦しげな和訳だったのだが、わたしがYahoo!ニュース記事で使ったこの表現がいつの間にかツイッタ

パブロ・イグレシアス（1978-）　マドリッド・コンプルテンセ大学の政治学教授だったが、2014 年よりポデモス党首（Photo by Ministerio de Cultura de la Nación Argentina/Flickr）

ーのハッシュタグになっていて、その発信元がAEQUITAS（エキタス）だった。

２０１５年に日本でＳＥＡＬＤｓや安保法制反対デモが大きくクローズアップされたとき、「ＳＥＡＬＤｓ主導のデモは、欧州の反緊縮派陣営、スペインのポデモスや英国のジェレミー・コービンの動きと連動している」「世界で一斉に左派の流れが来ている」と日本の知識人やメディアがネットに書くたび、わたしは違和感を覚えていた。運動の核にあるものが、全然違うんじゃないかと思ったからである。

どちらかといえばブラックバイト

と闘うためにユニオンを結成した高校生のニュースなどのほうが欧州の新左派たちの動きには連動していると思ったし、ポデモス、コービン、SNP（スコットランド国民党。スコットランド独立を掲げる地域政党）、アイルランドのシン・フェイン（イギリス北アイルランドの地域政党）らが連動していると言われるのは、彼らがみんななんとなく左派っぽいことを言うからといった気分的なグルーピングではない。彼らはみな大前提として反緊縮派であり、経済政策を政治改革の柱に掲げる政党だからだ。

緊縮財政政策とは、ざっくり言ってしまえば財政赤字削減を優先課題にすることであり、財政支出を削減したり、増税したりしてこれを達成しようとすることだ。そうなると政府は公共投資を控え、福祉、住居、医療、教育といった人間が最低限の生活を営むうえで必要な分野への支出を減らし始める。欧州の国々は、緊縮派のメルケル首相率いるドイツ主導のEUの方針でこの財政政策を取ることを求められている。さらに、サッチャー以来の緊縮の伝統を持つ保守党政権はもともとこの政策が好きだという歴史もあり、英国では、政府が公営住宅を建てなくなったために、移民の増加で人口が増大するとともに手頃な価格の住宅の不足が発生し、相次ぐ公的インフラ削減・閉鎖によって、公務員は失業、または非正規労働者となり、その影響を受ける産業界でも社員の解雇、非正規化が進んだ。また、国がインフラを減らせば、NHSで医者に診察を受けるのが至難の業になったり、学校でも1クラス当たりの人数が増え、近所の学校が定員オーバーとなり街はずれの遠く離れた学校に通わねばならない子も出てくる（英国の小学校は基本的に親が送り迎えしなければならないので、学校が遠くなると親にとっても毎日の苦行になる。子供が複数いてみんな一緒の学校に通えない事態になるともう地獄である）。

英国のEU離脱投票で離脱派が勝利したとき、離脱派の言い分は「移民を制限してもらわないと病院が足りないし、学校が足りないし、住宅が足りない」だったが、足りないのは移民が入ってきているからというより、政府が緊縮財政でこれらの分野に投資するどころか、支出をカットしているので、増大する人口と減少するインフラの逆行現象が起きているのだった。さらに、社会全体が節約ムードになり人心が不安に満たされれば消費も冷え込み、人民ピラミッドの末端にその影響が出てくるので街にはホームレスが急増、生活保護を打ち切られて餓死する人まで出てきている。一番顕著なのは、政府が障害者への生活補助金を削減するために「片手に指1本あれば就労可能」と皮肉られるほど障害の認定基準を厳しくし、地方の障害者・高齢者ケアのサービスも保守党政権発足から5年間で予算が33％カットされるなどしたため、「就労可能」と判断され、必要な支援を受けられなかった障害者が死亡するケースも複数発

2015年3月20日新宿アルタ前広場で街宣するエキタス小林俊一郎さん（壇上右）、もやい理事長大西連さん（壇上左）

生した。ついには国連が「英国政府は障害者の人権を侵害した疑いがある」として調査に乗り出している。

財政赤字を減らすために人命まで犠牲にするのはおかしいだろう、とこの非人道的な経済政策をやめさせるために立ち上がり、「政府はもっと人民のために金を使え。メシ食わせろ」という庶民の叫びを政治に反映させようとしているのがコービンであり、ＳＮＰのニコラ・スタージョンであり、スペインのポデモスなのである。

日本の状況がいったいそこまで悪くなっているかどうかはわたしにはわからなかったが、エキタスという貧困や格差の問題に特化した運動団体が結成されたことを知ったときには、おお、ようやく日本にも出て来たか、という気がした。で、ひょんなことからそのエキタスのメンバーと会うことになり、ある寒い日曜日の朝、新宿の会議室で彼らと懇談したのだった。彼らが「やあ初めまして」とすっと椅子《いす》から立ち上がって爽《さわ》やかに挨拶《あいさつ》する好感度抜群の若者たちだったり、「おはようございますー、こちらへどうぞ」とスムーズに場を進行させる広告代理店の若手社員みたいな子たちだったらどうしようと内心不安だったのだが、（まあわたしが遅刻したせいもあるのだろうが）彼らはもっそり椅子に座ったままで、隣に座っていた10代の小林俊一郎君などぶすっとして終始愛想がなく、育ちの悪いわたしはちょっと安心した。

それでなくとも彼らのスローガンは「最低賃金を1500円に」である。「平和を守れ」とかいう青空に飛び立つ白鳩《しろはと》のようなクリーンなスローガンと違ってずっと泥臭い。こういう地べた感の漂う運動は、1970年代以降の運動の歴史を鑑《かんが》みて日本では「アンクール」と見なされるのが常だった。1991年11月1日発行の『広告批評』144号「特集　社会主義ってナンだったの？」で、橋本治は左翼がアンクール認定された70年代の空気をこう書いた。

「どうして既成の左翼というのはみんなヤなやつなのか？」という疑問に対する

答えの一つは、「ビンボーだから」だった。こっから「ダサい」という言葉が登場する。

この見立てが真実ならば、日本では「ビンボー人の社会運動」は「ダサい」という言葉の語源でもある。それは「一億総中流」という幻想が社会を牽引《けんいん》していた時代の、「国民みんながお金持ちになったんです。なってない人はおかしいんです」という全体主義からはみ出した人間に対する差別的呼称でもあったろう。が、やっぱり若者はいつの時代も「ダサい」と人に言われるのは全力で避けたいものだろう。いま当事者(＝二木信《ふたつぎしん》さん)に話を聞くと最高に楽しそうだった「素人《しろうと》の乱」のムーヴメントにしても、いま一つ広まらなかったのはこの「ダサい」感がネックだったと言う人もいるし、そうした雰囲気を戦略的に排除しようとしたのがSEALDsだったと言った人もいた。

しかし、わたしには日本の左派が経済問題を扱うのを嫌がるのは、「ダサい」というイメージだけが理由ではないように思えた。何かこう、日本の左派には「結局は何でも金の話か」と経済を劣ったもののように見なす傾向がある。反戦や人権や環境問題は左派が語るに足る高尚なテーマなのに、経済はどこか汚れたサブジェクトでもあるかのように扱われてきた。左派はもっと意味のある人道的なことを語るべきで、金の問題は自民党がやること。みたいな偏見こそが、野党が政権を取っても経済を回せず短命に終わり、結局は与党がいつも同じという政治状況をつくりだしてきたのではないだろうか。

ある言葉が異なる言語で違うことを意味しているのではないかと思ったときには、それぞれの国の国語辞典を引くのが手っ取り早いが、「左翼（left-wing）」という言葉をオックスフォード・ユニヴァーシティ・プレスの辞書サイトで引くと、「政党や政治制度のなかの、ラディカル、改革的、または社会主義的な一部分」と書かれている。ケンブリッジ・ユニヴァー

松本哉・二木信編『素人の乱』河出書房新社、2008年。法政大学生であった松本哉が、キャンパスの再開発に対し「法政の貧乏くささを守る会」を発足。2005年、高円寺にリサイクルショップを開店。2011年には脱原発デモを主催

シティ・プレスの辞書サイト（dictionary.cambridge.org）で引いてみると、こちらはアメリカ英語とブリティッシュ英語に分かれていた。で、アメリカ英語の意味を見ると、「左翼的な政治理念で行動したり、信じたりしている人」とあまりにふわっとしたことしか書かれていないので、じゃあ「左（left）」の意味は？　と引いてみると、アメリカ英語では「政府は高い水準の社会サービスを提供すべきであると信じ、経済的、社会的な平等性を増すための法の導入をサポートすること」と書かれている。が、これがブリティッシュ英語になるとレフトはこんなに単純明快な定義になる。

富と力は社会のすべての部分で分配されるべきだと信じる政治的な集団

つまり、基本中の基本の部分で、英国の左派とは、まず第一に富と力の分配を信じる人々のことなのだ。だから左派こそ経済を考えて当たり前なのであり、経済というサブジェクトが穢《けが》れていたりダサかったりするわけがない。どちらかといえば最重要だ。ゆえに英国の若者たちが中心になった運動も、金の問題が多い。大学授業料値上げ反対運動、反新自由主義運動、そして労働党にジェレミー・コービン党首が誕生する原動力にもなった反緊縮運動。

「私たちは巨額の借金を抱えて大学に行っています。授業料値上げはやめてください」

「政府が市場を放置するから家賃が上がりすぎて若者に住める家がありません。もう新自由主義はやめてください」

「緊縮、緊縮で締めつけられてお金も未来も希望もありません。もうこれ以上節約はできません」

　という風に、英国の若者たちは堂々と「金がない」問題で声を上げる。

　この状況は近年いよいよ顕著になっていると思う。英国では、反核団体、核軍縮運動（CND）の集会やデモの参加者が年々高齢化しているのと反比例するように、反緊縮運動には若者が目立つ。これは新自由主義と緊縮財政でもっともワリを食っているのが若年層だということを何より雄弁に示しているだろう。

貧乏人に守りたい平和なんてない

　日本にもこんなことを言ったお嬢さんがいる。

「この前、弟から電話がかかってきた。『姉さん、自衛隊の一次試験に受かったけん、次も受かるかもしれん。無料で国家資格も取れる大学に行ける』って」

「自分がいやになってばっかりだ。〔バイトばかりして大学を出て〕就職したって、手取り14万じゃ、奨学金返して、好きな人や友達といられない。子供なんて育てられないよ。そんなの見ていた弟は、大学行くのに、教育ローンと奨学金で1000万越えるか、それとも自衛隊で〔無料で〕大学行くか、そりゃ迷うよ」

「大切な誰かの幸せひとつ守れやしない私に、守りたい平和なんてない。もちろん『戦争をしたい』って言ってるんじゃない。全然、誰のしんどさにも間に合わないんだよ」

これはエキタスの藤川里恵さんが最低賃金1500円デモで言った言葉だ（エキタスがこのスピーチ内容を細切れにツイートすると、「じゃー働け！　死ぬ気で働け！」というコメントがついていた。キャバクラユニオンの争議で見た上野の黒服たちを思い出した）。彼女の発言は、欧州の若者たちの反緊縮運動に対する日本からのアンサーだろう。彼女は、2015年の日本の若者としての視点に立ち、反安保運動は誰のしんどさにも間に合わなかったと訴えていたのだ。

「あれを言ったのは彼女なんですよ」

散々喋《しゃべ》った後でエキタスのメンバーたちに彼女を紹介されたときには、「ええっ？」と驚いてしまったほど、藤川里恵さんはおっとりした控えめなお嬢さんで、とてもあのデモでの激しい言葉を吐いた人と同一人物とは思えなかった。

「英国の若者たちの反緊縮運動は当事者運動であり、みんなが『このままでは自分もヤバい』という危機意識を持っているが、日本の若者にはそれが希薄すぎて、実際にコケるまでわからないんじゃないか」みたいなことをわたしが言ったとき、彼女は穏やかに、しかし、しっかりとした口調で言った。

「私が思うには、『考えたくない』と思うんです」

「ああー……」とエキタスのメンバーたちから一斉に声が漏れた。

「考えたら、先を考えたらもう終わってしまうんです。本当は中流じゃなくて貧困なんですけど、貧困っていう現実に向き合うと終わっちゃうから、アニメ見ようとか、地元の友達と飲もうとか、そういうので発散しちゃって……。じゃあ政治のこと考えましょうとか、そういう話をすると『まー、まー、好きにやってください』みたいな感じなんですよ。自分のこととして労働問題とかを考えることをすごい嫌がるんです。だから、友達とかと会話するときに、そういう話題を出せないんです。『何か頑張ってるね』みたいな感じになるし」

「藤川さん、おいくつなんですか?」とわたしが聞くと、彼女は答えた。

「私23歳なんです。私は貧困の当事者なんですけど、『私は貧困だ』とあえて言ってるんですよ。そうすると、私より〔収入が〕低い人とか私と同じくらいの収入、生い立ちの人はみんな貧困っていう定義になるんじゃないかと思って、自分のことを『貧困です』と言ってるんですよ。そうすれば、必然的にヤダと思っても、その人たちがカテゴライズされるじゃないですか。そうでもしないと、ヤバいというか、どう言えばいいんですかね……」

「カテゴライズ」という言葉にはリベラルな人々は拒否反応を示すだろう。英国出身のジョン・ライドン(1956年生まれ。パンクロックバンド「セックス・ピストルズ」および「パブリック・イメージ・リミテッド」のボーカル)というミュージシャンを人生の師として仰ぐわたしなども、彼の「いちいち物事を箱に入れてカテゴライズするな」という言葉に大きな影響を受けた。しかし、そんな彼が何かにつけて「俺はワーキングクラス出身だ」と自分をカテゴライズしているのはよく知られた話だし、英国人にとって「自分はワーキングクラス」と語るのは、日本人が「僕は栃木県出身」とか「私の生まれは九州です」というのと大差ない。彼らにとってそれは単なる事実であり、その事実に対して羞恥心《しゅうちしん》もスティグマも感じていない。

2015年の秋、12月にスペイン総選挙を控えてポデモスが失速していると耳にして、ベニドルムとバルセロナに行った。そのときにベニドルムのリゾートホテルでキッズクラブの保育士として働いていたスペイン人の友人に会った。

彼女はマドリッドで公立小学校の先生をしていたが、政府が緊縮財政で教育予算を大幅削減したときに勤務先の学校が閉校になり、その後も地元では職が見つからず、近年は5月から10月までは地中海に面したリゾート地であるベニドルムで、英国人旅行客が多く宿泊するホテルのキッズクラブで英語が喋れる保育士として働いている。そして11月から4月までは、英国に出稼ぎに行き、保育士のエージェンシーに登録し、様々な保育園に派遣されて働いている。若年層の約50%が失業中という大変な状況に陥っているスペインでは、彼女のような若者は多いそうだ。近年、英国でも保育士のエージェンシーから派遣されてくる保育士にスペイン人が激増している。

彼女もスペインのワーキングクラスの出身である。父親を早くに亡《な》くし、母親が清掃人をしながら彼女を育て上げたそうだが、役所の清掃をしていた母親も、予算削減で多くの清掃人たちが解雇されたときに職を失い、以来仕事が見つからない。友人がベニドルムや英国で休む暇もなく働いているのは、自分の生計を立てるだけでなく、母親にも送金しているからだ。こういう出稼ぎライフを続けていると、恋人との交際も長続きせず、友人と会う機会もなく、毎日ただ働いて、孤独で、「出口のないトンネルのなかを走り続けているような気分になる」と言っていた。

「いっそ戦争か大災害か何かですべて吹っ飛んで何もかもチャラになってくれたら、と思うことがある」

そういえば彼女もそういう物騒なことを言っていたのを思い出す。

私には守りたい平和なんてない、とスペインの20代の友人も言っていたのである。

ポデモスは、こうした土壌から出て来ている。

一億総中流という岩盤のイズム

「日本はまだ土づくりの状態です。まだ種をまけないんですよね。種をまいたところで、とても芽が出るような段階ではない。どう土をつくって、良い肥料をまいて、気づく人たちを増やせるかな、というところ。だから意識的にスローガンになる言葉を投げて言説をつくろうとしている状態です」

と言ったのは藤田孝典《たかのり》さんだった。『下流老人』や『貧困世代』といった彼の書籍のキャッチーなタイトルは、こうした戦略的な意図から編み出されているのだった。

過去13年に渡り生活困窮者支援、貧困支援に携わってきた藤田さんも、日本には下層意識が根付かないと言っていた。

「内閣府の調査で、いまだに日本人の9割が中流意識を持っているんですよ。『中の上』、『中の中』、『中の下』っていう政府の統計の取り方自体にもう、問題があります。じゃあ『中の下ぐらいかな』っていうところも含めると9割が自分は中流だって言うんですよ」

「でも、そこがぶっ壊れないと、下からの突き上げなんて出て来ないですよね？」

とわたしが言うと、藤田さんは答えた。

「階層論とか、階級論自体が、もう70年代ぐらいで終わっちゃってるんですよね。日本の場合は、貧困論というか、なぜ貧困に至っているのか、という最下層の人たちの研究も70年代ぐらいで終わってる」

70年代といえば、橋本治が日本で左翼とビンボー人がダサい認定されたと書いていた時代だ。

「相談に来られる生活困窮者の方々でも、その、自分は階層の下側にいるということを意識してない人はいらっしゃいますか？」

「ほとんど意識してないと思いますよ。だって、私これまで普通に暮らしてきたのに、〔年金生活になったら〕突然困っちゃいました、みたいなことをおっしゃるので、いや、あなたは現役時代から下層なんですよ、って。まあそんなこと僕らが直接は言えないですけど。相談に来た人たちはみんな中流意識を持っている。だからみんな保守的になるんですよね、このままでいいと思ってるから。貧困と隣り合わせで生きているのに、中ぐらいだと思っている。でも、本物の中流の人は、貧困の影なんかないですよね」

日本の中流と英国のミドルクラスはイコールでは結べない。英国在住の日本人が集まると「英国のミドルクラスは日本の中流より年収でいえば300万円から400万円ぐらいは余裕で上だよね」みたいなことを言う人がよくいる。英国には一歩間違えば貧困に陥るようなミドルクラスはあまりいない。どうも日本の中流という層は、何か独自のユニークなもののようだ。

日本の若者たちについて、藤田さんはこう言っていた。

「若者はもう、本当に絶望していますよ。現状にもう……」

「いやでも、絶望したら立ち上がるんじゃないですか?」とわたしは聞く。

「だからもう、絶望しきってるんですよね」

「だけど、絶望しきればしきるほど立ち上がるんじゃないですか？『俺ら、何とかしなきゃ』って……」とわたしが言うと藤田さんが答えた。

「いや、みんなもう自分の身を守るだけで精いっぱいですよ。だって働いている人の4割が非正規雇用で、これぐらい雇用の状況が悪化すると余裕なんかもう……」

「でもそうやって立ち上がったのがポデモスじゃないですか」

「まあ、それはもちろんあそこまで、失業率10％とか超えたりとか、そういう悲惨な社会情勢になってくると、わからないですけどね。いまの日本の情勢だと、まだ非正規でも仕事があるよと。いや仕事があるだけましか、とか。レベルがそうとう低いんですよね。これくらいあれば助かる。良かった、自分だけは助かったみたいな。月収10万円あって良かったとか。けれども、月10万円で健康で文化的な生活なんてできないでしょう。アルバイトでも、生涯アルバイトさえあればいいとか、それじゃ結婚なんてできないだろうと言うと、『そんなこと考えてませんよ。結婚とか子供をつくるとかはエリートのすることです。自分は普通に生きていきたいんです』と言う。結婚、子育ては普通の暮らしじゃないんです、もう」

という藤田さんの話を聞いて思い出していたのは、やはり前年スペインで会った姪《めい》っ子とその恋人のことだった。わたしの配偶者の姪はバルセロナでバレエを教えてい

15M運動で占拠されたマドリッドのプエルタ・デル・ソル広場。2011年5月15日に始まったため15とMayo（スペイン語で5月）で15Mと呼ばれる。運動は欧州全体に拡大し、同年9月のニューヨークのオキュパイ・ウォールストリートに影響をあたえた（Photo by Carlos Daniel Gomero Correa/Flickr）

るが、その恋人はＩＴ企業をリストラされて失業中だ。彼はオキュパイ運動の先駆けと言われる２０１１年のスペインの15Ｍ運動でバルセロナの広場に集まった若者の一人だった。マドリッドから様々な地域に飛び火した15Ｍ運動に加わった理由について、彼はこう語っていた。

「仕事もない、未来もない、街にはミゼラブルな状況が溢《あふ》れていて、それは放置すれば一層ひどくなる。その状況を何とかしなくてはいけないと思ったから、あのとき僕は広場に行った。あれはただ『政権を倒せ』と文句を言うために集まった運動じゃなかった。むしろ僕たちは、与党にも野党にも腹の底から絶望して怒っていた。だからもう、これは自分たちで始めるしかないって教育関係の仕事をしている人が広場の一部に集まってオルタナティヴな教育政策をつくったり、医療関係の人はまた別のすみに集まって『自分ならこうする』って政策のアイディアを出し合ったり、広場が市民議会みたいになった」

彼と姪っ子は現在年金生活者の老女の家に下宿しているが、二人で住む部屋を借りるのが夢だ。だが、恋人の青年に仕事が見つからないので、二人で英国に移住することを本気で考えているらしい。このままスペインにいても、結婚や子供をつくることはおろか、二人で住むことすらできない。15M運動の「与党にも野党にも同様に怒った人々」のなかから立ち上がったポデモスを熱心に支持している姪の恋人は、「僕はまず、政治は貧困と格差を何とかしなければいけないと思うし、せめて社会は若者が家庭を持って子供を育てていける場所でなければならないと信じる」

と言っていた。

日本の若者が結婚や子育ては普通の人間にはできないぜいたくなことだと言うのに対し、スペインの若者は、結婚や子育てといった普通のことぐらいできる世の中にしろと憤《いきどお》る。時流に合わせて変化する「普通」の基準と、時代や政治情勢で変わったりしない普遍の「普通」。

ひょっとすると、日本の「普通」を「中流」と置き換えれば、その定義はどんどん下降させていくことが可能なのかもしれない。

そのうち、高校に行くのはエリートがすることで、普通の人間にはできない、とか、1日に複数回食事するのはエリートで、普通の人間は1食しか食べない、とか、この定義はどんどん変えることができるフレキシブルなものかもしれない。が、そう考えると、日本の「中流」というのは特定の階級のことでも、人々の階級意識のことですらないように思える。それはもっと意志的なイズムだ。一億総中流主義、とでも呼べるだろうか。

主義とは人々の思想的、社会的なスタンスであり、アティテュードである。だから「貧困の問題が深刻」とか「生活が苦しい」とか言う人が増えると必ず、「でも日本人はまだ○○ができるんだから豊か」と言う人が出て来て主義を保守しようとする。「私は貧困の当事者」という人に対して、「働け！　死ぬ気で働け！」と言う人々に至っては、死ぬ気で働けば下層意識など感じる暇もないと信じる一億総中流原理主義者だろう。

そもそも一億総中流が叫ばれ始めたのは、国民の9割が自分のことを中流だと答えたという1970年以降のことである。その数字がいまでもまったく変わっていないとすれば、この主義だけは、移り変わる政局と世相のなかで、45年以上もまったく侵食されずに続いてきたことになる。まさに岩盤のイズムである。

「現在の若者はまるで監獄に入れられている奴隷《どれい》のようです。それなのにそのことに気づいてない。気づいていないからより深刻なんです」

藤田さんはそう言っていたが、このとき彼が使った言葉を日本滞在中にわたしは何度も耳にしたのだった。ストリートで妙に耳につく言葉はその社会のムードを象徴する何かを宿していると思う。例えば、英国ではジェレミー・コービンが党首に選ばれる数カ月前から、やたらと「ディグニティ（尊厳）」という言葉を耳にしたものだった。

日本滞在中のある晩、本を読みながらうたた寝したわたしは誰かが叫ぶ声で目を覚ました。

「おい、どれいーっ！　お前はどれいー！」

という声が聞こえて来る。何だろうと思って窓を開け、外を見下ろすと、道路の向こう側の焼肉屋の前にスーツ姿の男性が立っている。

「どれーい、ははは、ど、れ、いー、あーはははははは」

何がおかしいのか体をのけぞらせて笑っている青年が指さす先を見れば、もう一人、スーツ姿の青年が腹を抱えてげらげら笑っていた。と、急に彼は苦しげな音声を発して路上にどろどろ吐いた。そして体勢を立て直し、また「どれーい」と言われながらそっくり返って笑っている。

「奴隷」とはまた面妖《めんよう》な言葉が流行しているものだと思った。雇用主や国家の奴隷になっているうちは自分次第でいかようにも抜けられるが、一億総中流イズムの奴隷になってその下敷きになっているとすれば、それは岩盤だからさぞ重いことだろう。

草の根のアクティヴィストが育たない国

ところで、わたしが藤田さんに会いたいと思ったのは、彼は現場で貧困支援をおこなっている草の根の活動家でありながら、地べたでの仕事を政治に繋《つな》げようとする「ミクロからマクロへ」の方向性を明らかに意識して活動をしておられるように見えたからだ。英国では特に顕著だが、草の根の活動家のなかには政治に不信感を抱いている人も少なくなく、政治に期待しないから自分でオルタナティヴな活動をやっているのだという、ある種ニヒリスティックなノンポリがけっこういる。だから藤田さんのようにストレートに政治に目を向けている草の根の活動家はレアだと思ったのだ。

が、藤田さんによれば、日本の草の根の活動家が政治を意識しないのは、そういう英国的な意味での逆説的なノンポリとはちょっと違うという。

「日本のNPOはミクロの支援は丁寧にやりますけど、政治的な考え方が成熟していないし、議論もしていない。なぜこういう困っている人たちが私たちの目の前に現れて来るのか、ということが分析できていないと思います。13年間日本のNPO業界にいますけど、政治とか政策とかいうマクロな話をしたNPOの人なんてほとんどいません」

「では、NPOの方々は何のために活動しているんですか?」とわたしが聞くと藤田さんは答えた。

「人助けです。純粋に。だからいい人が多いです。本当にすごくいい人たちなんです」

「そういう草の根の活動をやる人は、英国だとまず政治的理念があるというか、アクティヴィストがそういう活動を始めるように思うんですけど、そういう感じの人が日本のNPOにはあんまりいないんでしょうか?」

「NPOにもいないし、社会福祉に関わる人でもほとんどいないですねえ……」

「それはちょっと、違和感ありますね」

「養成課程に問題があるからだと思います。アクティヴィストの養成というか、社会に働きかけていく人たちを増やさないとどうにもならない」

と言う藤田さんは、自らを「ソーシャルワーカー」という肩書きで名乗っておられる。が、藤田さんが考える意味での「ソーシャルワーク」はそもそも日本には存在しないという。

「ミクロとマクロの連動性って個人的には言い続けています。日本の場合はミクロの領域だけに寄りすぎている。例えば福祉の現場やNPO支援で高齢者介護にあたる人々が、目の前に苦しんでいる人を見たときに、日本だったら介護保険制度とか生活保護とかいった制度に単純に結びつけてそこで終わってしまう。ある程度ニーズはそれで解決したでしょ、と。解決したと思わせる支援になっている。

でも、現実には介護保険制度や生活保護制度を利用しても、厳しさや辛《つら》さはなくならないんですよね。そもそも、そうさせないために政策を動かしていかなければならないし、人を支援する仕事をしている以上、ミクロとマクロの両方に働きかけるというのは当然のことで、米国や英国のソーシャルワークの歴史を見ていくと、これはセオリーとして確立されているんです」

という藤田さんの話を聞きながら、ソーシャルワークではないが、保育士の資格をわたしが英国で取ったときのことを思い出した。

「英国で保育士の資格を取ったときに、エッセイを書かされたんですけど。毎学期、テーマは違うんですけど、『こういうときに保育士はこう対処しなければならないが、その行動の背後にある法的フレームワークについて述べよ』とか、『その法律はどういう経緯があってできたのか』とかそういうことを書かせられるので、わあ、保育士の資格でこんなことを勉強しなきゃいけないんだと思って驚きました」

ここで言うエッセイとは日本で言う随筆のようなものではなく、いわゆる短い論文のようなもので、質問がいくつかあり、定められた文字数のなかでその質問に答えながら論じていくという形の文章だ。例えば1学期が「子供一人ひとりの発育を促すためのカリキュラムづくり」だったとすれば2学期は「特別支援教育」とか、エッセイのテーマはいつも変わるのだが、法的な枠組みや関連法の歴史、その法ができた背景や学者たちの見解など、かなり突っ込んだことを書かせられるので驚いたものだった。

「で、最後に出て来る質問はいつも同じなんです。『では、これまで書いてきたことが、inclusion（包摂）とdiversity（多様性）の理念にどう関連しているのか述べよ』っていうんです。もう毎回同じだから『何これ、またー？』って、だんだん書くことがなくなっちゃって。inclusion & diversity 地獄と呼んでたんですけど。でも、ああいう考え方の訓練がないと、どうしても日常の業務に埋没してしまって、わたしがいまこれをやっているのはどの法律があるからなんだろう、とか、その法律はどんな運動の結果としてできたんだろう、とか、そういうことは考えなくなりますよね。それこそミクロの日常からマクロの政治を見上げる習慣というか」

とわたしが言うと、藤田さんが言った。

「日本だと、ソーシャルワークの分野でさえ、ミクロの領域の実践しか大学教育でやってない。これはまあ日本特有なんですけど、社会福祉士っていう資格をつくったんですね。だからソーシャルワーカーがイコール社会福祉士のことです、っていう風にしちゃったから、みんな社会福祉士になろうとする。そうなると社会福祉士のカリキュラムが大事になるんですけど、実はあまりマクロなことが書かれていない。どうやって面接をするのか、とか、うまく相手の人とコミュニケーションを取るにはどうしたらいいのか、とか、そういうことばかりで。大学の教授も制度がうまくできていることを前提にして『こういう風になっています』とだけ解説します。そのカリキュラムを根本的に変えない限りはアクティヴィストもソーシャルワーカーも増えません。NPOに入っていく人たちも、制度批判とか社会学についてもちゃんと学ばないと単にミクロのシーンで終わってしまいます」

英国なら、保育士でもあんなことを書かされるぐらいだからソーシャルワークを学ぶ学生がどれだけマクロなことを学んでいるかは想像に難くない。それでなくともソーシャルワークを学んでいる大学生には社会運動に熱心な人が多いし、以前ブライトンで反緊縮デモがあったときも、中心になっていたのは福祉系の学科の大学生たちだったと記憶している。考えてみれば、緊縮財政で福祉をカットされたら一番苦しむ層の人々のことや、福祉の対象となる人々が増える時代は国がどのような政策を進めている時代なのかといったことを一番勉強しているのがソーシャルワークの学生たちだろうから、彼らが反緊縮で立ち上がるのは当然のことだろう。

が、これがもし、ソーシャルワークの業務と政治がどう繋がっているかについて学んでいない学生たちだったらどうだろう。彼らは緊縮財政という定められた政策の枠組みのなかでの制度を使っていかに有効に人助けをするかということに傾注し、緊縮という政府が定めた政策には疑問を抱かないのではないか。

ミクロからマクロに向かわない考え方に慣れると、生活に根差した問題を政治に結びつける思考回路が失われてしまいそうだ。そうなると運動も地べたの切実な問題を訴えるのではなく、いきなり手元から遠いところの問題に向かってしまう。

「国民が一番に望んでいるのは、ちゃんと安心して暮らせる社会保障制度の実現で、第2位が経済、景気対策なんです。これは世論調査でもはっきりしています。だから安保とか、戦争法案を最優先に何とかしてほしいなんて意見は本当にリストの下のほうなんです。国民が最優先しているのは、要するに暮らしなんですね。なのに、暮らしを何とかしてほしいという運動が日本にはなくて。だから安保法制も、あれは政府の思惑なんですよ。そちらに意識を向かわせて抽象論を展開しておいて、暮らし自体を見させないという思惑です。だからそちらに誘導させられてはいけないんですよね。憲法9条を守れ、戦争を起こすな、と言っていますけど、戦争をなくすのに一番有効なのは貧困をなくすことです。貧困、格差、差別、抑圧をなくすこと。戦争に行きたいと思う人たちは、自分は報われていないと思う人たちですから」

藤田さんは近年の日本の運動についてそう語った。ここで語られていることこそ、まさにミクロからマクロに向かうボトムアップ方式の戦争のなくし方だろう。

下から上へ、というのは、単に下層（ワーキングクラス）から上層（エスタブリッシュメント）へ突き上げるということだけではない。ミクロからマクロへ、手元の出来事から政治へ、半径5メートル内で起きていることを国会に持ち込めということだ。なぜなら、いまはマクロをやっている人たちにミクロが全然見えていない時代だから。

そしてそのことこそが「世界中で政治のクライシスが起きている」と言われている

現在の状況の元凶にもなっているのだ。

ミクロ（地べた）をマクロ（政治）に持ち込め

英国労働党の党首ジェレミー・コービンは世界の左派には希望を与えたが、彼が党首に選ばれたときには、実は英国では多くの人々が嘆き、絶望し、これで英国の左派は二度と復権せず、保守党独裁の世が続くだろうと涙した。

彼ではあまりにも、現実味がないほど、強硬な左派だから。と多くの人々は思ったのだ。

その前年には欧州議会選挙で右翼政党ＵＫＩＰ（イギリス独立党）が大勝して話題になっていたし、今度は「Ｍｒ．マルキシスト」と呼ばれるコービンが二大政党の一つの党首になるなど、ちょっと普通では考えられないほど政局が右端から左端に振り子のように振れていて、もう英国政治は末期症状。庶民よ理性を取り戻せ。ポピュリズムが国を崩壊させてゆく。

まあそういうことが言われて、でもよく考えてみるとそういうことを重点的に言っ

ナイジェル・ファラージ（1964-）
UKIP元党首。EU離脱をめぐる国民投票では離脱派の中心となる（Photo by Gage Skidmore/Flickr）

ていたのは大手メディアで、だからこそ一般の人たちもそういうことを言うようになったのかもしれないが、これは米国の大統領選挙の指名争いでも、ドナルド・トランプとバーニー・サンダースの台頭から、もはや「常識的」な中道の政治が人気を得られなくなり、国民にリスクを与える「極右」「極左」が国を侵食し始めた。フランスにも国民戦線があるし、スカンジナビアでも極右が暴れている。そうかと思えばスペインではポデモスとかいう左翼政党の議員が赤ん坊を抱いて議場に座ったりしているし、ああ、政治の劣化が止まらない。

ということが大西洋の両側で「メインストリーム」的には囁《ささや》かれているが、果たしてそうだろうか。これは劣化というより、「現在の政治に欠如しているものの現れ」として見たほうが自然で、極右や極左の台頭は、下側の声の噴出でもある。新自由主義とグローバル資本主義の結果として、もはや世界は「右」と「左」ではなく、「上」と「下」に分かれてしまった。例えば欧州を騒がせている難民や移民の問題にせよ、中東やアフリカから欧州にせり上がって来ている人々は、まず欧州に渡って来る資金と英語力などのスキルと能力、危険に晒《さら》される移動の旅に耐えられる体力と気力を持った人たちだ。つまり、世界の紛争地域や貧窮地域の「上」の階層にいる人々が、自分の能力を活《い》かせる安全な環境を求めて北上してきているのである。その地域で生まれた人々は、「上」は欧州に住み、「下」は国に残る。もはや人々は国や民族性という単位ではなく、持てる資産と能力によって棲《す》みわける時代だ。

　が、そうなってくると他地域の人たちを受け入れなければならない現地の人々はどうなるだろう。競争社会で疲弊

ドナルド・トランプ（1946-）　第45代アメリカ大統領。実業家。排外主義とも取れる過激な発言で何かと話題に（Photo by Michael Vadon/Flickr）

バーニー・サンダース（1941-）　第45代アメリカ大統領選挙民主党候補。社会主義的な政策で支持を集める（Photo by Michael Vadon/Flickr）

した人々が、能力とフレッシュな向上心を持ってやってくるニューカマーたちを迎える。ナショナルフロントの昔から、英国人と移民の衝突を描いた映画（『THIS IS ENGLAND』とか）やドラマ、当時を振り返るドキュメンタリーなどを見ても、スキンヘッドで排外主義に走っていた人々がまず口にするのは「仕事を取られる」だ。多くの場合、排外的思想は、「自分たちは、あの人たちに負けるかも」という危機感に基づいている。そして実際に、あまり英語が得意でない移民が上司で、末端労働者がみんな英国人というような職場は、英国ではもう話のタネにもならないほど普通にあるし、空港の入国審査で英国人のパスポートをチェックして入国を許可しているのが移民の審査官だったりすることも日常の光景だ。

　こうなってくると下層の街（いや、実は上層の街でも）ではパブなどでも上司や入国審査官の外国人訛《なま》りの英語のアクセントを真似《まね》したりして人種差別的なことを言う人が増え、PCなんてクソくらえといったレイシスト・ジョークで仲間を笑わせる人がちょっとクールな地域社会のヒーローになる。この地べたの「ミクロ」を、政治という「マクロ」に持ち込んだのがUKIPのナイジェル・ファラージであり、米国のドナルド・トランプだろう。

しかし、その一方で問題は移民じゃないんじゃないかと思う人もいて、そういう人たちは、病院や学校や住宅が足りなくなっているのは移民が入ってきたからじゃなくて政府が公共施設を閉鎖したり、公営住宅を建てなくなったりして、地べたの人々のために金を使わなくなったからだと考え、

「そういえば児童手当の金額も減らされたからうちも生活苦しくなった」

「大学授業料値上げで甥《おい》っ子の借金の額が尋常じゃない。スコットランドでは授業料はいまでも無料だってね」

と語り合う。こちら側の「ミクロ」を国会の「マクロ」に持ち込んだのが英国労働党のジェレミー・コービンであり、またスペインのポデモスであり、欧州各地に広がっている反緊縮派の政党だ。コービンは毎週水曜日に国会でおこなわれるPMQs(Prime Minister's Questions)でも一般の人々からメールで募集した質問をキャメロン

元首相の前で読み上げていたが、これなどは究極の「ミクロをマクロに持ち込め」だと言えるだろう。

つまり、欧州で極右とか極左とか言われているのに成功している陣営は、この「ミクロをマクロに」で成功を収めているのであり、そうした人々がなぜ目立って躍進しているのかというと、それは、あまりにも政治がテクノクラート化しすぎてミクロの部分を知らないばかりか、正しく想像することさえできなくなってしまったからだ。

例えば、英国では無職の人々だけでなく、仕事を持っている人々も食べられなくなってフードバンク（商品価値を失った、品質に問題はない食品を生活困窮者に配る制度）に通う人々が激増し、そのことが大きな社会問題になっているが、これについて2014年に国会で質問されたとき、当時の福祉担当大臣デイヴィッド・フロイト（ちなみにこの人は精神分析学者フロイトの曾孫《ひまご》）は、

「行きたくてフードバンクに行く人はいないだろう。だが、なぜ彼らがフードバンクに行くのかは理解できない」

と言って「いったいどこの国の大臣を務めてるんだ」とネットを大炎上させた。

これと似たような現象は日本でも起きている。2016年1月に安倍晋三首相が国会で、

「景気が回復し、そして雇用が増加する過程において、パートで働く人が増えれば、1人当たりの平均賃金が低く出ることになるわけであります。私と妻、妻は働いていなかったけど、景気が上向いてきたから働こうかということで働き始めたら、（月収で）私が50万円、妻が25万円であったとしたら75万円に増えるわけでございますが……」

と発言し、想像上の話にしてもパートの妻の賃金の額にリアリティーがなさすぎるとしてネットは大騒ぎになった。また、2月には、保育園に子供を入れられなかった母親が匿名《とくめい》で「保育園落ちた日本死ね！！！」とブログに書いた文章が国会で取りあげられ、安倍首相が「匿名である以上、実際起こっているか確認しようがない」と発言したことを受けて、「保育園落ちたの私だ」というプラカードを持った人々が国会前に集まり、それは本当に起きていることなのだ、私たちは本当にここにいるんです、と示して賛同の輪を広げた。これなどは、地べたのミクロを政治のマクロに持ち込んだ運動の典型であり、英国議会で一般の人々からのメールを読むコービンの方法論にも繋がる。

右派にしろ、左派にしろ、近年台頭しているムーヴメントは、ミクロで起きていることをマクロの政治に持ち込む方向性で支持を広げている。ポデモスが地方政党と連合して選挙戦を戦ったのもその一つの表れだろう。地方で起きているミクロな現実が中央政治のマクロにちっとも反映されないので自ら中央に乗り込んでいこうとする地方政党のエネルギーを、ポデモスは吸収したのだ。

いま世界でもっともデモクラシーが必要なのは

『ガーディアン』紙が「ミレニアルズ：ジェネレーションYの試練」という特集を組んだ。ミレニアルズまたはジェネレーションY（英国ではこの二つは同義語として使われることが多い）というのは、ジェネレーションXの次の世代、つまり1980年代から2000年にかけて生まれた、16歳から35歳ぐらいまでの若者たちである。

同紙がまとめ、2016年3月8日に発表した統計によると、米国、英国、オーストラリア、カナダ、スペイン、イタリア、フランス、ドイツの8カ国で、25歳から29歳の独身の若者たちの給料から保険料や税金を差し引いた手取り収入が、全年齢平均のそれと比較して大幅に下がって来ていることがわかった。また、カナダ、米国、フランス、ドイツ、スペインの5カ国で、過去20年から30年前と比較すると、25歳から

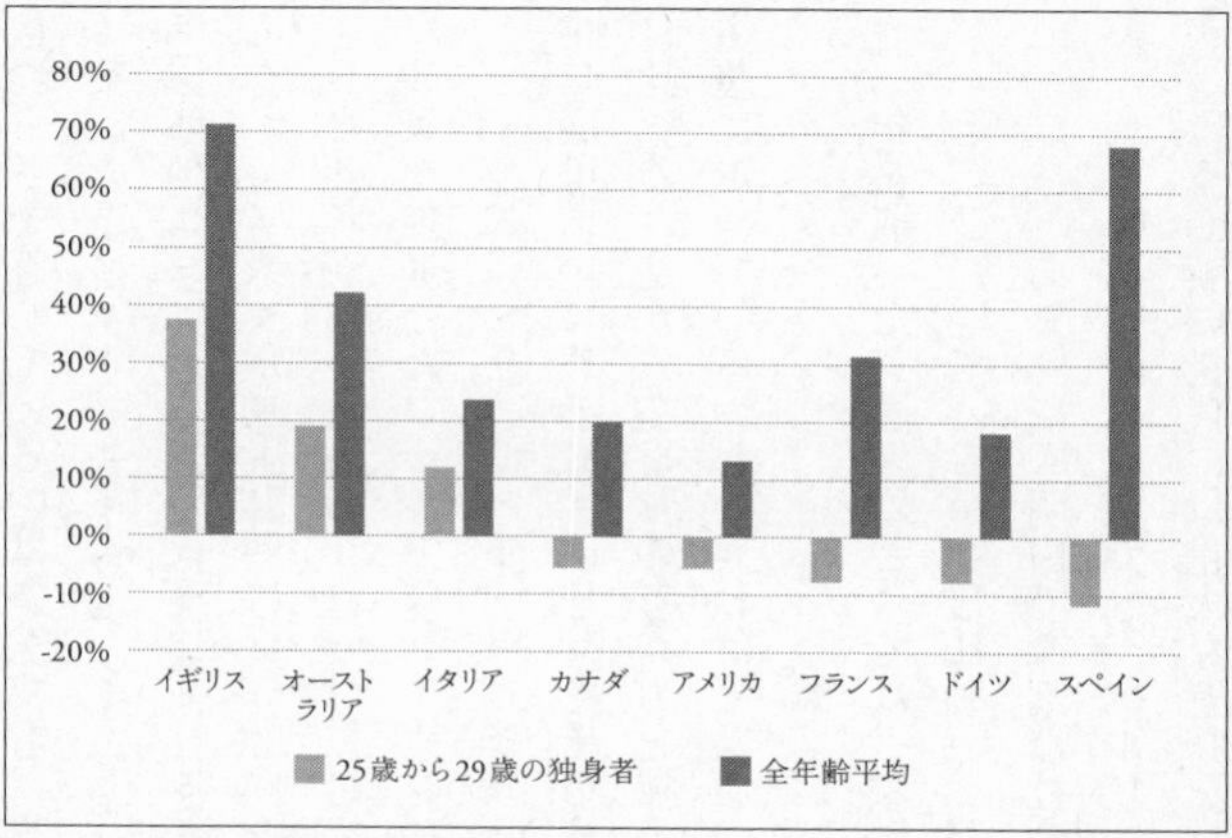

図1　1人当たりの手取り収入の伸び率

（※イギリスとアメリカは 1979 年、オーストラリアは 1985 年、イタリアは 1986 年、カナダは 1987 年、フランスとドイツは 1978 年、スペインは 1980 年を基点に比較） Source: Luxembourg Income Study database

29歳の独身者の手取り収入がマイナスの数字になっている（図1）。若年層は選挙に行かないので政治にもっとも見離されている層。というのはユニヴァーサルな論調だろう。しかも自由に使えるお金もほかの層に比べて低いとなれば、市場からも見離される。ポデモスなどの反緊縮派が主張するように、政治とグローバル大企業が結託して世界を支配しているのが現代の有様だとすれば、選挙にも行かず、お金も持っていない若年層は社会から捨てられる。彼らが生きづらさを感じているのは偶然でも、思い過ごしでもない。

英国のライター、オーウェン・ジョーンズは『ガーディアン』紙に寄せたコラム（「First Corbyn, now Sanders: how young voters' despair is fuelling movements on the left」）のなかで、人々が加齢と共に保守的になるというのは根拠のない神話であり、例えば1984年から1988年にかけての米国では、若い有権者が新自由主義的で保守的な政策を推進したロナルド・レーガンやジョージ・H・W・ブッシュを支持していたし、83年にはマーガレット・サッチャーも若い層の票を集めたと書いている。つまり、中年層は若いころの政治的思想をそのまま維持していると考えたほうが自然で、彼らに比べると遥《はる》かに左寄りの考え方を持っているジェネレーションYは「若いから理想主義に走っている」というわけではないというのだ。彼はこう書く。

年を取った英国人にとっては、左派はソ連の全体主義のひどい失敗や冷戦の終結と結びついているかもしれない。だが、若い英国人にとっては、金融崩壊の後遺症や、あまりにも明白で深刻な社会の不平等性のほうが不気味に目の前に露呈されている。同じ崩壊でも、ベルリンの壁ではなくリーマン・ブラザーズの崩壊のほうが若い世代には重大な意味を持つ。

しかし、ジェネレーションYは、あまりにも長いこと彼らが抱えている問題が政策メニューに上って来なかったので、自分の暮らしと政治を結びつけて考えられなくなったという。オーウェン・ジョーンズの言葉を借りればこうだ。

政治は多くの若者にとって抽象的に思え、日々の生活や経験とまったく切り離されているように見える。無関心、という言葉が若者のアティテュードを語るときに使われ、まるで彼らはどうでもいいと思っているように語られる。だが、彼らはどうでもいいなんて思っていない。若者にだって野心や希望や不安や怖《おそ》れはある。ただ、現在のフォーマルな政治と彼らの夢や心配ごとをリンクさせることができなくて、それらはまったく無関係のものに思えるのだ。

だが欧米のジェネレーションYは再びミクロとマクロを結びつけはじめた。自分たちの暮らしをダイレクトに変えるだろう、クラシックな欧米左派の反緊縮政策を堂々と掲げる政治家や政党が現れたからだ。

さて、「経済にデモクラシーを」という言葉に戻りたいと思う。

デモクラシーの語源はよくこんな風に説明されることがある。Democracy はギリシャ語の demos（ピープル）と、kratos（支配すること、パワーを持つこと）を語源として構成された言葉だから、つまり、デモクラシーとは「ピープルがパワーを持つこと」だという。だが、子供をつくって育てるという原始時代から人間がおこなって来た営みが一部のエリートにしかできなくなった社会では、ピープルはちっともパワーを持っていない。いま世界でもっともデモクラシーが必要なのは、日本、とか、欧州、とかそういう国や地域の問題ではない。経済である。

第三章　保育園から反緊縮運動をはじめよう

保育士配置基準がヤバすぎる衝撃

「子供を産まないのは、日本の女のテロなのよ！」

車を運転しながら過激な言葉をぶっ放しているのはジャーナリストの猪熊弘子《いのくまひろこ》さんだった。

「日本で子供を産んで育てるのはホントに大変なんだから。一億総活躍なんて言うけど、もうこれ以上活躍させるなって」

上品な大学の先生、といった風貌《ふうぼう》の猪熊さんは、「パンク保育士」などと呼ばれているわたしより実はよっぽど言動がラディカルだった。その猪熊さんにひょんなことから東京都世田谷区の保育施設を案内していただくことになったのだったが、彼女の車はどんどん入り組んだ裏通りに入り込んでいく。

「すご。ここ道がめっちゃ狭い。本当にこんなとこに保育園とか建ってるんですか？これじゃ送り迎えとか、車が入りにくくて大変そう……」

とわたしが言うと猪熊さんが答えた。

「基本的に、車での送迎はできないですよ、ほぼ東京では」

「え？　じゃあ徒歩？」

「自転車もあります。双子の子供とか、年齢の近い子供たちがいて、車で行けないともう大変。坂の上にある保育園で、自転車の前と後ろに二人乗せて、なんてことになると地獄」

「第一それ、危ない」

「それが日本なんですよ」

猪熊さんはそう言った。

ふと、以前勤めていたブライトンの保育園を思い出した。園の玄関前に停まった車に乗せられて帰宅する子供と、その姿を教室の窓から見ながら「バーイ」と手を振っている子供たち。子供たちの脇《わき》に立っている保育士に「サンキュー」と投げキッスして、サングラスを外し運転席に乗り込むスーツ姿のお母さん。だが、自転車の前後に子供を乗せてゆらゆらしながら帰る母親たちには、あんな優雅な去り方はできないだろう。

この日、最初に見学したのは「日本の保育園のすべてがここみたいだと思わないで

図2　保育士の配置基準（国の配置基準）

子供の年齢	日本の保育士の配置人数	イギリスの保育士の配置基準
0歳児	3人に保育士1人	3人に保育士1人
1歳児	6人に保育士1人	3人に保育士1人
2歳児	6人に保育士1人	4人に保育士1人
3歳児	20人に保育士1人	8人に保育士1人※
4歳児	30人に保育士1人	8人に保育士1人※
5歳児	30人に保育士1人	（なし）

※ EYPS、EYTSの場合は13人に1人

ください ね。ここは建物としてはトップクラスですから」と猪熊さんが何度も言った公立の池尻《いけじり》保育園だった。同保育園は児童館や学童保育が一緒に入った合築の最先端の建物のなかにあり、木の暖かさを活《い》かした清潔なつくりになっていて、玩具《おもちゃ》もインテリアも新しく、全体的にぴかぴかしていた。床暖房が入っているそうで、明るいうえに暖かい。が、事務所で園長先生のお話をうかがっていたときに、わたしは驚きの声を上げることになったのである。

「日本では保育士と園児の人数の比率はどうなってるんですか？」

「0歳児で1対3。1歳児で1対5（ただしこれは世田谷区の基準。国の基準では1対6）、2歳児で1対6、3歳児で1対20、4歳児、5歳児は1対30です」

「ええっ？」

特に3歳児の数字が衝撃的だった。英国での保育士の

配置基準は0歳と1歳が1対3、2歳で1対4、3歳と4歳で1対8になっている（ただし、EYPS、EYTSと呼ばれる資格〈131頁《ページ》〉を有した大卒のスタッフなら、3歳と4歳で1対13の比率が許されている。図2）。

「保育士1人で20人の子供の世話をするのって、それ、大変じゃないですか?」

わたしは、とっさに20人の3歳児を園庭で遊ばせている自分の姿を想像した。右側には三輪車で転んで膝《ひざ》を擦りむいて流血している子、左側には玩具の取り合いをしている子たち、斜め後ろには砂場の砂が目に入ったと泣いている子、背後には「おしっこ」と股間《こかん》を押さえた子供。庭のすみにはそろそろ喘息《ぜんそく》の薬を吸入させる時間の幼児もいる。どうやって日本の保育士はそんな現場をこなしているのだろう。

英国の就学年齢は4歳だ。4歳でレセプションという小学校準備コースのクラスに入り、5歳で1年生のクラスに入る。だから、日本の保育園の配置基準の4歳児と5歳児の1対30というのは、英国の小学校と同じ配置基準になる。が、3歳児の日本の1対20と英国の1対8というのは差がありすぎる。3歳児といえば、もうベビーっぽくもないし、そのくせ子供と呼ぶには体の発育が完成していない微妙な年齢だ。急速に言葉を操れるようになるので、何でもできるような気分になって自分の身体能力を過信しやすい。体のバランスを取る能力がまだ低いくせに気力だけは漲《みなぎ》り、保育園でも大きな怪我《けが》をする子が出やすい年齢だ。そんなアンバランスな成長過程にいる子供たちに1対20の配置基準で大丈夫なのだろうか。が、実際に3歳以上の子供たちが遊んでいる庭で先生たちが二人きりで対応している様子を見たときには、なるほど。と思った。英国の保育園と違って、ここには遊具がないのだ。三輪車もスクーターもスケートボードもないし、ジャングルジムも、滑り台もない。ボウリングセットもないし、プレイハウスもままごとのピクニックセットもない。だから、玩具の取り合いをする子供もいないし、乗り物や遊具から落ちるという事故も起きないのだ。

違いは玩具が見当たらないだけではなかった。英国の保育園では保育士が庭も教室内同様に遊びのセッティングをする。わたしはけっこう庭のセッティングを担当するのが好きで、というのも周囲が汚れても構わないので大胆な遊びができるからだが、巨大なトレイに小麦粉粘土を入れてジョウロやピッチャーを用意し、子供たちが少しずつ水を加えて粘土の質感が変わるのを楽しめるようにしたり、水遊びのプールに石鹸水《けんすい》を入れてたくさん泡をたてバブルバスみたいにし、赤ん坊の人形をぷかぷか浮かべて子供たちに赤ん坊をお風呂《ふろ》に入れる疑似体験をさせたりする。そして例えば、巨大なトレイで小麦粉粘土をつくるときには、屋内では汚れるのでなかなか体験できないようなどろどろの質感を感じさせたり、裸足《はだし》で粘土の上を歩かせたりして、「Sticky（ネバネバした）」「Thick（どろどろした）」「Thin（さらさらした）」などの言葉と、そのリアルな感触とを子供たちの頭と体でリンクさせる。

水遊びプールで赤ん坊の人形をお風呂に入れる体験をさせるときには、「みんなをお風呂に入れてくれる人は誰かな？」の質問から、家族の形態の話に発展する。結婚しているお父さんとお母さんもいれば、シングルマザーのお母さんとお母さんの新しい恋人とか、お父さんとお父さんの同性愛カップルの両親もいる。いろんな家族が世の中には存在すること、自分の家庭環境だけがすべてではないことを子供たちと語り合う。「最近、パパとママが赤ん坊の弟ばっかりかわいがるので面白くない」と不平を漏らす子もいるし、それが最近やけに反抗的になったり、暴力的になったりしている子の家庭環境を探る機会にもなる。赤ん坊の代わりに動物の人形をプールに浮かべてみることもある。そんなときには、動物の人形をバブルバスで洗っている子供たちに「人間のベビーと動物の違いって何かな？」と話しかけ、3歳児や4歳児を相手にけっこうディープな動物愛護の話をしていることもある。

だが、日本の保育園の庭で見た光景は、そうした活気のある英国の外遊びの風景とは違っていた。全体的な印象がとても静かで、変化に乏しい。玩具もなければ、保育士によって企画された日替わりの遊びのコーナーもない。子供たちは庭に立ってグループで話し合ったり、走ったり、飛び回ったりしているが、それはまるで小学校の休憩時間の校庭のようで、保育士も積極的に子供たちと何かをしているというよりは、何ごとも起こらないように全体を監視しているという感じだった。

だが、1対20の配置基準ではそうならざるをえないだろう。

英国の配置基準なら、3歳児が20人いるところには保育士が最低でも3人はいる。保育士1人対8人の子供なら、保育士と子供たちが1対1で会話をする機会も持てるが、1人対20人では、それは学校の先生と生徒のような、上から下に降ろすコミュニケーションが中心になりそうだ。保育士が子供たちに呼びかける言葉は「あれをしましょう」「それはやめましょう」「こういうやり方をします」という断定的な指示になり、「自分はそれはしたくない」「自分はそういうやり方は嫌いだ」と反論してくる子供たち一人ひとりにその理由を聞いたり、「ああ、それもいいね。でも先生はこうやったほうがいいと思うよ、なぜなら……」とディベートしている暇などない。思いきり汚れる遊びをさせるとか、ちょっとぐらい濡《ぬ》れても着替えさせれば大丈夫とか、そういう手のかかる遊びも減るだろう。保育士の数が足りないと子供たちにアドベンチャーはさせられない。

決断力。というのは持って生まれた天性の資質ではなく、「もしかしたら大失敗するかもしれない」というリスクをたった一人の個人として背負いながら、本当に大失敗して痛い目に遭ったり、たまには成功したり、という経験の積み重ねの結果として身につく後天的スキルだと保育士の資格取得コースで学んだ。それなのに、もっともクレイジーでバカバカしいアドベンチャーをやっても許されるはずの幼児期にそれができないとなると、このスキルの萌芽《ほうが》は失われるのではないか。

創造力。も同じことである。人間のクリエイティヴィティの目覚めは「他人とは違うことをやってみたい」と思うことだと、これまた保育士養成コースで学んだ。が、1人で20人もの子供を見ていたら、「自分はみんなと違うものを創造したい」「こんなのはありきたりなので自分はオルタナティヴな手法に挑んでみたいと思う」みたいなことを一人ひとりが言い出したらたちまちカオスになる。「そんなわがままは言わないでみんな同じものを同じようにつくりなさい」になるだろう。「創造力を育てる」より「まとめる」ことが最優先になるからだ。

日本の保育園のあり方は、決断力や想像力のある人間を育てる教育と逆行しているように見えた。人間の脳の重さは5歳児から6歳児ですでに成人時の90％に達しているほど幼児期の脳の成長は著しく、人間の知性の基礎を築くうえで最重要な時期なのに。

紛れもない緊縮の光景

ちょうどお昼の時間だったので、1歳児がランチを食べている姿も見せてもらった。ちゃぶ台のようなテーブルに子供たちが5人座って、保育士が各テーブルに1人ずつ付き、みんな一緒にご飯を食べている。おかずもご飯も英国の保育園に比べればずっと健康的で手づくりの家庭料理みたいだし、保育士も子供と一緒に食べている姿はまさに一般家庭のお茶の間のようだ。「食べる」ということに関しては英国よりもずっと日本の人々のほうがこだわるし、重要視するということは一般的に英国でもよく言われ、それが日本食ブームにも繫《つな》がっているが、保育園の運営にもそのことが如実《にょじつ》に現れている気がした。英国の保育園は給食は業者から大きなアルミの容器で運ばれてくるのが普通で、園内で手づくりなどしていないし、保育士は一緒に食べずにじっと子供たちを観察していて、こんなにほのぼのした雰囲気ではない。

1歳児の教室を出ようとしたとき、棚のなかにビニール袋に入ったオムツがずらっと並べられているのが目に入った。

「あれ、何ですか？」と聞くと、保育士さんが、

「汚れたオムツです。一人ひとり棚があってそこに入れています」

「は？　オムツ替えのときに捨てないんですか？」

「親御さんが持って帰るようになっているんです、公立は」

と猪熊さんが言った。この日、別の保育園でも汚れたお持ち帰りのオムツが並んでいるのを見た。英国の保護者なら、帰りにこんなものを渡されたら「糞尿《ふんにょう》のついたオムツなんていりません」と激怒しそうだ。第一、使い済みオムツを何十人分も保管しておくのは衛生上どうなんだと思うし、そんな職場では働きたくないと保育士の側からも声が上がりそうである。それでなくても保育園は英語でも「Bug pits（ばい菌取引所）」と呼ばれるような場所で、子供たちはすぐいろんなウイルスを貰《もら》ってきてその菌を保育園に持ち込むから、保育士だって体力が落ちるとてきめんにそれを貰ってしまう。いくら手袋、エプロンの着用や手洗いを徹底したところで、子供の排泄物《はいせつぶつ》との接触はミニマムにしたいところだし、感染症の蔓延《まんえん》を防ぐには、体液のついた汚物は速攻で隔離・廃棄するのが基本だろう。

「子供の体の状態を親が見られるように汚れたオムツを家に戻している」みたいなも

っともらしい理由もあるらしいのだが、一番しっくり来た説は、処理費用の問題だった。大量の紙オムツ処理は業者に頼むことになるので、保護者に持って帰って家で処理してもらうというものだ。業者にオムツ処理を頼むのは英国でも同じことだがそれは経費として勘定されるし、お持ち帰りオムツ用の棚のスペース（「時は金なり」と言うが、「スペースも金なり」だ）や消臭・袋入れ・棚詰め整理作業などの保育士の労力を差し引いても余りあるほど日本のオムツ処理費用は高額なのだろうか。

「うちを見て公立はみんなこんな感じなんだと思わないでください。公立でもいろんな保育園があるから、まったく違うところも見てほしい」

と池尻保育園の園長先生に言われて、別の保育園も見に行った。そこは昔ながらの、何十年も前からあるような典型的な公立の保育施設の建物で、池尻保育園のようなモダンさはなく、冬の寒い日だったので廊下を歩くと足元から底冷えがした。床暖房が入っていたぴかぴかの池尻保育園は、やはりスペシャルな存在だったのだ。

「これ、何でできているかわかりますか？」

幼児の靴が並べて入れてある仕切りがぴっしりついた箱を指して猪熊さんが言った。

「え？　何でしょう。よくできてますね。これは持ち運びにも便利そうだし、軽い。紙ですか？」

と言うと、猪熊さんが言った。

「紙パックです。牛乳の。先生たちがつくっていらっしゃるんです」

「えっ。すごい。日本の保育士さんってそんなことまで……」

「そうなんです。日本の保育園は、牛乳パックなしには成り立たないっていうぐらい、今日もいろんなところで見ると思いますよ」

と猪熊さんが言ったとおり、様々な場所に牛乳パックで製作された備品があった。靴箱、棚、踏み台、楽器。もっとも驚いたのは教室の真ん中に置かれていた巨大な間仕切りだった。いったいいくつの牛乳パックが使用されているんだろう。しかもそうとう年季が入っていた。

「Austerity measures!」

とつい言いたくなった。緊縮財政が推進される英国では、ストリートでよくこの言葉が交わされる。何かがボロボロに古くなっている様子や、何かすごく貧乏くさい様子、いじましいような節約の場面などを見たときに、「Austerity measures!（緊縮措置！）」とジョークを飛ばして英国の人々は笑う。「緊縮」というのは欧州の政治を象徴する言葉だと思っていたのだが、この保育園を見ていると日本はその最前線を行っているのではないかという気がしてきた。

「緊縮措置」は英国の保育園でもおこなわれている。保守党政権がゴリ押ししてきた緊縮財政で、行政からの補助金が削減されたため、以前は業者に注文して配達してもらっていた文房具を事務所スタッフが1ポンドショップで買って来たりするようになると、やはり保育士たちも「緊縮措置！」と言って笑うのだったが、だからといって家具まで牛乳パックでつくるような事態には陥っていない。

5歳児の部屋にオルガンが置いてあった。

「すごい。これ、わたしが小学校に行ってたころに音楽室にあったようなオルガンだ」

と思わず触ってしまったほど、ついぞ見たこともないような古式ゆかしいものだった。「アンティークをインフラに使うな」というのも英国人が緊縮財政を揶揄《やゆ》するときによく使うジョークだが、日本の公立保育園もアンティークを備品や教材に使っている。

後日、猪熊さんと対談したときに「日本の保育園の良いところはどんなところでしたか」と聞かれて「物を大事にするところ」「手づくりの精神」と答えたのだったが、これらはエコやリサイクルの考え方にも通じるし、考えようによってはシュタイナーなどの教育理念にも繋がる。が、わたしは公立保育園を見学しているのであってオルタナティヴ教育の現場を見に来たわけではない。目の前に広がっているのは、紛れもない緊縮の風景だった。

削減されたのか、もともと入っていなかったのかは不明だが、このセクターに投入されている行政の予算が全然足りていないのは明らかだった。日本で欧州のような反緊縮運動が起こる可能性があるとすれば、それは保育園からじゃないのか。とふと思った。

日本のアナキーは保育園に

こぢんまりとしてアットホームな私立のつくし保育園では、男性の園長先生に会った。日本にも男性の保育士さんが増えているのかなと思って尋ねると、「いや、やはり難しいです。家庭を持ってやっていこうとなると、給料が低いので辞める人が多い」と言う。

英国でも保育士の給料は最低賃金に限りなく近いので、わたしの同僚や知人のなかにも男性は何人もいたが、やはりみんな辞めるか、自宅で子供を預かるチャイルドマインダーとして独立するか、フリーランス的な別の仕事をしながら趣味程度に週に何日か託児所で働いていたりする。いまでも働いている人は、妻やパートナーの収入が高い人々で、保育士の男性の育児スキルは高所得のキャリア系女性には重宝されるという一面もある。その点では、日本のように寿退社《ことぶきたいしゃ》する男性保育士は少ないかもしれない。

わたしが保育園を案内してもらった前週に、世田谷区の保育園入園の一次選考の発表があったそうで、日本でもっとも待機児童の数が多いという世田谷区の保護者たちは悲喜こもごもだと聞いた。世田谷では、認可保育園は申し込んでも半分しか入れないという「東大より難しい」と猪熊さんが言うような倍率だそうだ。

そんな世田谷区にある私立つくし保育園は、もともとは病院の院内保育園からスタートしたそうで、組合の医療労働運動から立ち上がった経緯もあり、近隣の働く親たちの駆け込み寺になってきた歴史を持っているようだった。どこの園にも子供を預けられなくて困り果てていたという外国人の子供を特別に受け入れたそうで、まだ言葉もわからないのだろう、きょとんとして座っている外国人2歳児の隣に1対1で保育士がしっかりついて対応している姿が印象的だった。

「ここはずいぶんと保育士と子供たちの数の比率に余裕がありますね」

と言うと、

「いえいえ、今日はインフルエンザでたくさんの子がお休みしているからです」

と園長先生が笑っていた。

世田谷区は日本の待機児童ワースト区と言われるが、実は逆説的に、子供の人権まで踏み込んで保育の質を保っているという点では高く評価されるべきだと猪熊弘子さんは言っていた。

「子ども・子育て支援新制度が入る前は、世田谷区は企業経営の保育園を認可に入れてなかったんですね。ところが、規制改革会議とかそういうところから、世田谷区の待機児童が多いのは企業経営の保育園を認可に入れないからだって区長が意見されて、それをあちこちメディアにも書かれてしまった。日本の場合は企業経営の保育園って歴史が浅いので、社会福祉法人や公立と比べると、お金の入り方が全然違うんです。だから安かろう悪かろうになっているところもある。でも2015年の4月から新しい制度になって、世田谷だけ企業経営の保育園に認可を出さないということができなくなった。だからまず問題のなさそうな二つの企業保育園に認可を与えたのですが、やはり『世田谷区保育の質ガイドライン』には達しなかったんです。そういう保育園には区から職員を入れたりしないといけないぐらいダメだったんですよ」

猪熊さんには埼玉県上尾《あげお》市の公立認可保育園の死亡事故を取材した『死を招いた保育』という著書もある。

「世田谷は本当になかなか保育園に入れなくて、苦しい苦しいってみんな言ってて、すごくわかるんだけど、そのほかの子供の政策がすごくいい。生まれたときからそうです。産後ケアセンターにはじまり、プレーパークっていう公園もあるし、あらゆる子供の施策がもっとも充実していて、子ども・子育て応援都市を宣言してるし、そういう意味では保育園（の入園）はすごい厳しいんだけど、そのほかも含めてやっぱり頑張ってるなと思う」

と猪熊さんが言う世田谷区には毎年1000人ずつ子供が増えているそうで、それで余計に保育園が足りなくなるという状況だという。

猪熊さんの話を聞いていて、いま一つわたしにはピンと来ないのが、認可、認可外というコンセプトだった（図3）。英国は保育園、託児所、チャイルドマインダー、ベビーシッターに至るまで、子供を預かる仕事をしている人はすべてOFSTED《オフステッド》(Office for Standards in Education。英国教育水準局）への登録が義務づけられている。8歳以下の子供を1日2時間以上預かって金銭を受け取っている人はすべて当局に登録・認可される必要があり、無認可で営業していることがわかったら罰金を科された

図3

	認可保育所	認証保育所
	国が定めた設置基準をクリアして都道府県知事に認可された施設	認可外保育所のひとつ。東京都独自の保育制度。都が独自の基準を設定し、設置を認証
定員・対象年齢	認可保育所の定員は60人以上（ただし、小規模保育所の場合は20人以上）	認証保育所A型は駅前に設置することを基本とし、大都市特有の多様なニーズに応える（定員20人～120人、うち0歳～2歳を1/2以上） B型は、保育室制度からの移行を中心とし、小規模（定員6人～29人、0歳～2歳）
基準面積	0歳児・1歳児の1人当たりの基準面積が3.3m²必要	弾力基準として0歳児・1歳児の1人当たりの基準面積を2.5m²まで緩和
保育料	区市町村が徴収。料金は世帯年収などをもとに、区市町村が決定	認証保育所が徴収。なお、料金は認証保育所で自由に設定
申込方法	区市町村に申込み	利用について認証保育所と保護者の間で直接契約
開所時間	11時間を基本	すべての保育所に13時間以上の開所を義務づけ

り、場合によっては刑務所送りになる。だから基本的に無認可の保育施設などありえない。認可された後もOFSTEDの職員が定期的（現在は4年に1回）に保育園を訪れて監査をおこなう。安全面、衛生面、教育カリキュラムの質、保育士たちの質、事務所の書類管理など詳細に保育園のスタンダードを監査し、その結果を、

「OUTSTANDING（優）」
「GOOD（良）」
「REQUIRES IMPROVEMENT（改良の必要あり）」
「INADEQUATE（不可）」

の4段階で評価する。「不可」

の結果が出た場合にはOFSTED側が「不可」と見なした分野の改善案を出し、いつまでに改善するようにという期日を示す。あまりにもひどいと見なされた場合にはすぐに認可を取りあげられるケースだってある。

監査に来る際にOFSTEDの職員は、訪問日の前日に保育園に知らせればいいことになっているので、電話を受けた園はちょっとしたパニック状態に陥るのが常だ。まずオフィスのスタッフが書類管理の不備がないかどうか慌《あわ》ててキャビネットを開いてファイルをチェックし始める。保育士にとっても、OFSTEDの職員が来る日は緊張する。彼らは教室のすみに座って、わたしたちの一挙一動を見て何やらノートにさらさら書き込んでいる。一度、いつもは2歳児担当の若い同僚が、病欠の保育士がいたので0歳児の部屋に回されていたときにOFSTEDの監査が入ったことがあり、彼女が赤ん坊と一緒に遊びながら「1, 2, 3, 4, 5 Once I caught a fish alive, 6, 7, 8, 9, 10 then I let it go again」という歌詞の童謡を歌っていたら、「0歳児に数の数え歌はまだ早い。国のカリキュラムでは0歳児には数は導入しないことになっている」と減点対象にされ、「私のせいでOUTSTANDING（優）のグレードが取れなくてすみません」と言って泣いたことがあった。また、前夜に仕事に来た清掃係が掃除機を使った後にうっかり被《かぶ》せておくのを忘れたのか、トイレの脇にあるコンセントに一つだけカバーがついていなかったせいで減点されたこともあった。まあそれぐらいOFSTEDは細かいところまで監査していくというか、平たい言葉で言えば、うるさいのである。

ところが、猪熊さんによれば、日本にはOFSTEDのような機関がないそうで、つまり保育施設や子供を預かる仕事をしている人たちはまったく野放しにされているらしい。

「ということは、OFSTEDみたいに保育園を監視し、格付けし、それを公表する機関が存在しないということですか？」

「そうです」

「これに反したら違法になるというような保育施設のスタンダードを記した法律とかは？」

「ありません」

「……？」

OFSTEDは英国の保育業界の人々にとっては警察のようなものだ。が、法律もないし警察もないとなればそれは無法地帯である。なんと、日本社会のアナキーは保育園にあったのか。

「それって、怖くないですか？」

保育士という労働者の立場からわたしは心底そう思った。

「事故とか、あんまり起きないんですかね、日本の保育園は」

「実際、死亡事故がいくつも発生しています。世田谷区が保育の質にこだわっているのも、10年前に多摩川で保育中に溺《おぼ》れて亡《な》くなった子がいたんです。それは区立の保育園だったので、区立の先生たちはみんなものすごく責任を感じて、自分たちのせいだと思った。だから、世田谷は何でもいいから保育園を増やせという方向性には行けないし、行かないんです」

猪熊さんはそう言っていた。

ブレアの幼児教育改革は経済政策だった

わたしが日本での取材を終えて英国に戻った後で「保育園落ちた日本死ね！！」のブログの書き込みが大きな話題になった。保育問題のジャーナリストである猪熊さんも大忙しになって様々な媒体に登場しておられたが、実はわたしが日本にいたころ

から、彼女は繰り返し、

「日本には幼児教育の大規模な改革が必要」

と言っていた。つまり、ただ保育園を増やせばいいわけでも、保育士を増やせばいいわけでもなく、抜本的なシステムそのものの改革が必要であると主張しておられたのだ。

そのモデルとして猪熊さんが関心を持っていたのがトニー・ブレア時代の労働党政権がおこなった「シュア・スタート」と呼ばれる英国幼児教育改革プログラムだった。ブレアはマーガレット・サッチャーが党派の枠を越えて「私の一番できのいい息子」と呼んだほどの新自由主義者だったし、詐欺《さぎ》まがいのことまでやってイラク戦争に突入し、それが現在の難民やテロ問題にまで尾を引いていることから英国での評価は地に落ちている。特に左派の人々はブレア本人や「ブレア的なもの」のすべてを否定したがるのだが、「とはいえ、そんなブレアでもいいこともやったよね」という文脈になるとき、ガチ左翼の人々でさえあげないわけにはいかないのが「シュア・スタート」だ。

ブレア政権発足翌年の１９９８年にスタートしたこの「シュア・スタート」プロジェクトは、教育や福祉関連の省庁ではなく、財務省のイニシアティブ（主導戦略）として打ち出された。「シュア・スタート」のモデルになったのは、米国のケネディ大統領暗殺後に大統領に就任したリンドン・ジョンソンの政権がおこなった「ヘッド・スタート」（1965年発足）である。貧困撲滅を政策の大指針として掲げていたジョンソン政権に倣《なら》い、ブレア政権も「シュア・スタート」を格差是正の経済政策の一環として発足させ、ブレアより左寄りの理念を持つことで知られていたブラウン財務相が「子供たちの人生におけるスタートを国の力でできる限り最高のものにしよう」というイニシアティブを立ち上げたのである（図4）。

具体的には、それはアウトリーチとコミュニティの開発を通して、子供のケアと幼児教育、子供の健康、子供を取り囲む環境の安全性を向上させようというプログラムであり、就学時にはすでに広がっている子供たちの発育格差をなくすことで貧困の連鎖をなくし、社会流動性を促進させようというプロジェクトだった。なぜこのようなイニシアティブが経済政策なのかというと、（その時点での）英国は、格差拡大は国の経済にとってマイナスになると悟っていたからである。

例えば、わたしはミドルクラスの家庭が多い裕福な地域の保育園と、市内でもっとも貧困率の高い地域にある生活困窮者支援施設の託児所の両方で働いたことがあるが、そこの子供たちが話す語彙《ごい》の数や手先の器用さ（幼少期の手先の動きは脳の発達と深い関係がある）に大きな差があることを現場で実感した。就学年齢が4歳と非常に低い英国では、こうした幼少期の発育格差が子供の自信のなさや学業に対する苦手意識を生み、小学校、中学校での学習能力にまで影を落とすことが多く、それがそのまま将来の収入格差の固定に繋がってしまうため、底辺層の引き上げが重要な経済政策の一つ

図4　関連年表

1997年	労働党のトニー・ブレア政権発足
1998年	「シュア・スタート」開始。250の貧困地域で、貧困家庭へのアウトリーチや母子医療アドバイス、言語障害児のサポート、託児所サービスなど展開。全国で15万人の子供が利用
2003年	「エヴリ・チャイルド・マターズ」開始。ブラウン財務相が2008年までに全国2500カ所の貧困地域にチルドレンズ・センターを建設する資金を支出し、2010年までに3500カ所に拡大すると発表
2004年	「チルドレン・アクト2004」発足。児童保護に関わるすべての公的機関が互いに協力する義務や、子供のケアに関する統一プログラムの策定などを定めた
2006年	「チャイルドケア・アクト2006」発足。「幼児保育のバイブルであり憲法」と呼ばれるEYFSが策定される
2008年	2500の地域にチルドレンズ・センターが建設
2010年	保守党のデーヴィッド・キャメロン政権成立。緊縮財政政策で保育現場に影響がでる
2017年	週30時間の保育料負担を全国で一斉導入予定

となった。格差の固定が国にもたらすコストはエコノミストたちによってさかんに語られてきたところであり、英国のシンクタンク、イコーリティ・トラストは、格差社会であるために英国が負っている年間コストは390億ポンド（約6兆3000億円。英国の年間防衛費とほぼ同額）と発表しており、その損失には、健康寿命の短縮化、メンタルヘルスの悪化、犯罪率の上昇などがあり、前述はそれらの損失を金銭に換算したものだという（https://www.theguardian.com/society/2014/mar/16/inequality-costs-uk-billions）。

そんなわけで財務省が5億4000万ポンド（約870億円）を投入して始まった幼児教育を通じての格差是正プロジェクトは、全国でもっとも貧困が進んでいる250の地域で「シュア・スタート・プログラム」を発足させ、地方行政の枠組みのなかで貧困家庭へのアウトリーチサービスや母子医療アドバイス、言語障害児のサポート、有料の保育園に通えない子供たちを対象とした託児所サービスなど、多岐に渡るサービスを展開し、全国で15万人の子供たちがこれらを利用した。

そしてこの「シュア・スタート」イニシアティブが2003年に「エヴリ・チャイルド・マターズ（Every Child Matters）」を誕生させる。後者は前者をさらに本気にしたようなプロジェクトであり、そのきっかけになったのはヴィクトリア・クリンビーという8歳の子供の虐待死《ぎゃくたいし》だった。コートジボワール出身のこの移民の少女は大叔母に連れられて英国に入国するが、大叔母とその恋人に虐待を繰り返されて命を落とした。その虐待と亡くなり方があまりにもひどかったことと、何度も病院に運ばれて入院したり、ソーシャルワーカーも彼らの自宅に出入りし、警察も、地域の教会もすでに介入していたにもかかわらず誰もこの少女を助けられなかったことで世論が爆発した。移民の子供であり、貧困層の家庭だったから誰も本気で相手にしなかったのではないかと関係当局のすべてが批判され、「何が『シュア・スタート』だ。大金を投資しても全然機能していない」と多くの人々が政府を非難した。

そこで出て来たのが「エヴリ・チャイルド・マターズ（すべての子供が大切なんだ）」という政府の新プロジェクトだった。ブラウン財務相が2008年までに全国2500カ所の貧困地域にチルドレンズ・センターを建設する資金を支出し、2010年までに3500カ所に拡大すると発表した。チルドレンズ・センターは地域の子供たちを預かる保育園を持ち、ファミリー・サービス、医療相談サービス、無職の保護者たちへの就業アドバイスなど、様々なサービスを一括しておこなう「親と子供のための複合センター」になり、貧困地域のハブのような役割を果たす場所になった。

また、このイニシアティブと同時進行で誕生したのが「チルドレン・アクト200

4」という「児童法」であり、これはヴィクトリア・クリンビー事件を受けての「チルドレン・アクト1989」の見直しだった。児童保護に関わるすべての公的機関が互いに協力する義務や、子供のケアに関する統一プログラムの策定などを定めたこの法律からさらに2年後には、「チャイルドケア・アクト2006」という法律も誕生する。そして同法がセクション39で定めたのが「幼児保育のバイブルであり憲法」と呼ばれるEYFS（Early Years Foundation Stage）の策定だった。

EYFSは保育の法的フレームワークを定めた「Statutory Framework for the Early Years Foundation Stage」と、具体的な幼児教育のカリキュラムを定めた「Practice Guidance for the Early Years Foundation Stage」の2部から成る、保育に携わる人々の拠《よ》り所《どころ》だ。それらには保育に関わるすべての人が従わねばならない法的ルールと、日々の保育を通じて達成しなければならない幼児たちの発育カリキュラムが明記されている。わたしが保育の資格を取ったときは、ちょうどEYFSの誕生前夜で、発行されるとすぐに教育省の書籍部門に電話して送ってもらったのを覚えている（あのころは「保育の学生です」と言えば無料で家に1セット送付してくれた。もちろん、保守党政権の緊縮財政下ではそんなことは一切なくなったが）。保育士資格取得コースの課程の内容も、OFSTEDに認可される条件も、またその後の監査の審査基準も、すべてがこのEYFSに基づいている。ここに書かれている内容を知らない保育関係者は存在しない。

このEYFSは、リベラル派の人々には「オムツ・カリキュラム」と批判され、0歳の赤ん坊にまで「何カ月までにはこういうことをしていないといけない」とかいう発育目標を国が決めるのは危険だと叩《たた》かれた。しかし、こうした政治の介入は、「ブロークン・ブリテン」と呼ばれた貧困地域の子供たちを底上げするには必要なものだった。それは最貧困地域のど真ん中にある慈善施設の託児所で保育士として働いたことのあるわたしには肌で理解できる。

また、EYFSと並行して誕生した新たな職業にEYPS（Early Years Professional Status）というのがあり、これは従来の保育士の上に位置する「EYFS実践のプロ」の資格だ。この資格を取れば保育施設がEYFSで定めたスタンダードに達しているか審査することや、EYFSに照らした保育園全体のカリキュラムづくりをすることができるようになり、毎日教室で保育士として働くのではなく、「幼児教育のプロ」として保育士たちにアドバイスする立場になり、給与も末端の保育士の1・5倍から2倍程度になる。EYFS導入と同時に各地の大学にEYPSコースができて、主任レベルの多くの保育士たちが働きながら大学に通い始めた（学費は返済不要の奨学金で全額カバーされた)。

さらに、現在の日本と同様、深刻な保育士不足が叫ばれていた英国では、移民を保育士にすることを奨励したり、それまでは教会のホールを借りて自主保育をおこなっていた母親たちに資格を取得させてプロの保育士にするなど、大規模な保育士リクルート戦略を展開し、全国で保育コースの数を増やし、すでに子供の面倒を見る仕事をしている人々に関しては、それがボランティアであれ有給であれ、資格取得のためにかかる学費を無料にした。貧困層の学生については、教科書代やカレッジに通う交通費などをカバーする奨学金も支払われていた。

わたしなども労働党政権の移民を保育士にするイニシアティブに乗っかって無料で保育士になった一人だが、当時はいかに保育士がクールでやりがいのある仕事かということを宣伝する教育省のサイトがつくられ、そこに上がっていた画像の保育士はほぼ全員が外国人だったのを覚えている。実際、労働党政権時代は、保育園が外国人保育士を雇っていると「ダイヴァーシティ教育(多様性を推進する教育)を推進している」と見なされ、OFSTEDの監査でも評価が高くなっていた。

保育園と労働運動は手に手を取って進む

「日本の保育にもＯＦＳＴＥＤとＥＹＦＳが必要だと私は思っているんです」

と猪熊さんは言った。

「そういうものがないから、もう底が抜けてどこまでもズブズブ行っちゃう」

猪熊さんに聞いた日本の保育園事情にはかなりホラーな話もあった。東京都には全国基準の「認可」のレベルには達さない「認証」と呼ばれる独自の保育園があるそうで、元コンビニが認証保育園になっているところが多いそうだが、大通りに面したコンビニの脇の狭いコンクリートの通路にビニールシートを張ってプール遊びをさせているとか、半地下のゴミ置き場の下が保育園になっていたり、交通量の多い道路の曲がり角にあって過去に車が2回突っ込んだことがあるというコンビニ跡が保育園になっていたりするそうだ。ラッシュ時は3分に1本は電車が走っているという高架下につくられた保育園もあるという。

「練馬区が関越自動車道の高架下に老人施設をつくる計画を立てたんですよ。そしたら老人が怒って裁判を起こしたんです。『こんなところに俺たちを入れるのはやめろ』

ジャック・ロンドン（1876-1916）　アメリカ生まれの作家。『荒野の呼び声』『火を熾す』などの著書がある

って。老人は裁判起こせても、子供は裁判を起こせないし、お母さんたちも駅が近くて便利でいいわとか言っちゃう」

「そういうことになるのは、やはり待機児童が多いせいですか」

「そう。規制緩和で、箱だけつくればいいってのが本当に増えちゃってる。産業廃棄物置き場の裏側にある保育園もあるんですよ。だから瓦礫《がれき》の山で、もう音もガガガガッてうるさいし、ホコリがすごいから、アレルギーを持った子供なんか本当に辛《つら》そう」

　高架下、廃棄物置き場、瓦礫といった言葉を聞いていると、ジャック・ロンドンの『どん底の人びと　ロンドン1902』のスラムで育つ子供たちを連想してしまった。あれはヴィクトリア朝からエドワード朝に変わったばかりのころのロンドンのイーストエンドのスラム街をルポルタージュしたものだが、それは英国の保育施設の原点と呼ばれるナースリー・スクール（保育学校）をつくったマーガレット・マクミランが生きた時代でもある。マーガレット・マクミランは社会主義者であり、フェビアン協会のメンバーだった。ウィリアム・モリス（アーツ・アンド・クラフツ運動を主導した英国の社会主義者）やウィリアム・トーマス・ステッド（社会福祉の必要性を訴えた英国のジャーナリスト）の影響を受けて社会運動に身を投じ、失業率の高かった北部のブラッドフォードで、スラムの子供たちの健康を向上させるために活動を起こした。その彼女がロンドン南東部のデプトフォードに姉のレイチェルと共に開いたのが現在の保育施設の母体と言われるナースリー・スクールだ。マーガレットの教育者としてのセオリーは、まず第一に子供は清潔で健康的な環境で保育されなければならないということであり、新鮮な空気が吸える庭や、外界の危険から守られたシェルターのような教室、明るい日光が入り、空気の入れ替えができる窓やベランダの重要性を説いた。スラムの不衛生で危険な環境で暮らしていた労働者階級の子供たちにとって、それはもっとも必要なことだったのである。

彼女の精神はいまでもＥＹＦＳに反映されている。ＥＹＦＳは保育園の立地条件や建物のスタンダードも定めており、清潔で適切に換気ができ、日光が建物内の主な光源でなければならないと明記している。一日中蛍光灯をつけていないと物がよく見えない元コンビニのような保育施設はOFSTEDから登録を却下されるだろう。
もしもマーガレット・マクミランが墓場から蘇《よみがえ》り、電車の音が3分おきに聞こえて来る高架下や、ホコリの舞い上がる廃棄物置き場の裏で遊んでいる日本の保育園の子供たちを見たら何と言うだろう。

「いま、病児保育も流行《はや》っているんです」

と猪熊さんは言った。

「は？　病児保育？」とわたしは聞いた。初めて耳にする言葉だったからだ。

「私はあれは必要悪だと思っています。確かにどうしても休めなくて、学校の先生とかしていらっしゃる保護者が、どうしても代わりがいなくて、どうしてもこの日だけ見てくれる人がいなくてサービスを利用する、というのはわからないこともない。でも、病児保育が広がって来ると『すみません今日子供が熱出して明日休みます』みたいなことになったときに、『なんで病児保育に登録してないの？　なんで病児に預けないの？』って会社に言われるハラスメントがあるらしいんです」

「病児保育って、保育園がやってるんですか？」

「保育園でやってるところもあるし、小児科が併設してるところ、病院のなかでやってるところもあります」

「病院ならまだわかるけど」

「あとはベビーシッターみたいに家に来てくれるサービスをやってるところもあって、そこが伸びてるんですけど、見ず知らずの方に1対1で病気の子を今日熱が出たから預かってくださいってのは、怖いですよね」

と猪熊さんは言った。

「病気のときって、子供は一番お父さんやお母さんや、自分がよく知っている人が必要なときじゃないですか。そんなときに知らない人に預けられるって、トラウマになりそう……」

英国なら幼児が病気のときは両親のどちらかが仕事を休む。

ふと、英国で最初の保育園をつくったマーガレット・マクミランは労働運動からスラムの子供の保護運動に進んだ人だったことを思い出した。女性家庭教師だった彼女が『クリスチャン・ソーシャリスト』誌に初投稿した文章はロンドン・ドック・ストライキに関するものだった。彼女はその生涯を通じて、労働者階級の貧困の窮状と、貧しい者たちが自分の人生を変える可能性を見つめ続けた。彼女は、労働者の権利を守るなら、彼らの子供たちの権利も守られなければならないと考えた。労働者の働く環境や待遇を向上させ、その尊厳を守ることを求めるのなら、彼らの子供たちが遊ぶ環境や学びの機会を保証し、その尊厳を守ることは切り離せないと考えたのだ。労働問題と保育は分離して考えることはできない。病気の子供が見たこともない人の手でケアされなければいけない社会とは、病気の子供を見ず知らずの人に預けてでも親が仕事に出なければならない社会である。

ブラック企業や非正規雇用の問題が取《と》り沙汰《ざた》され、正社員も明日の我が身を心配して萎縮《いしゅく》し、雇用主の立場が強くなりすぎていると言われる日本の労働市場の現状は、高架下や廃棄物置き場や瓦礫の裏の保育園や病児保育と直結している。親の労働状況が改善されないことには、子供たちの状況も改善されない。そして恐ろしいことには、過酷な労働条件に慣れきっている親たちは、自分たちの子供を取り巻く環境が劣化しても、そのことに気づかないだろう。20世紀初めの英国の労働者階級の親たちが、幼い子供たちを工場や炭鉱で働かせて危険な環境に晒《さら》しても何の罪悪感も感じなくなっていたのと同じだ。

労働と保育の問題は手に手を取って前進するし、著しく後進もする。もはや反緊縮運動だけではない。日本でラディカルな労働運動が立ち上がるべき場所もまた保育園である。

新自由主義保育と社会主義保育

一方、英国に戻って来てこちらのママ友に日本の保育園の話をすると羨《うらや》ましがられるのは、費用である。英国と比較すると、日本の保育施設利用料は驚くほど安いからだ。

英国では、例えばわたしが2015年まで働いていた私立保育園ではフルタイムで8時から17時半まで預けた場合、1日に50ポンド（2016年2月時点、1ポンド＝160円のレートで8000円）の費用がかかる。週に5日預けるとディスカウントが受けられるようになるが、それでも1カ月フルタイムで預けた場合の費用は900ポンド（14万4000円）以上になる。3歳児になれば（生活保護、タックスクレジットなどの政府からの福祉扶助金を受け取っている家庭は2歳児から）政府が週15時間は補助してくれるので親が負担する金額は下がるが、それでもフルタイムで子供を保育園に預けられる家庭はそれなりの収入のある家庭だ。

しかし、日本の場合、ここには政府の補助金が潤沢に入っているという。

「日本の保育システムってある意味すごい社会主義的なんですよ。特に0歳児から2

歳児に関しては。基本的に国が出してくれて、親も一部は負担するけど、4分の1ぐらいかな。すごく少ない。ほとんどが国の予算で運営されているので、親の負担はイギリスに比べるとずっと低いですよ。都内の認可で、0歳から2歳だと、一番高くても親が負担するのは6万円台だと思う」

と猪熊さんは説明してくれた。

「ひゃー、それは安い。それは英国の人たち、羨ましがりますよ。ロンドン市内とかだと月の費用が1500ポンド（24万円）とかもあるみたいだし」

「えっ？　でもウィリアム王子の子供が通っている保育園はもっと安かったですよね」

「いや、あれはフルタイムで行ってないですから。週に2日か3日か、それも午前中だけとかそういう感じでしたよね。イギリスはそういう預け方をする人たちもたくさんいらっしゃいますから。3歳になったら、国が費用を負担する枠の15時間だけとかも多いです。そうなると週に5日、午前中3時間だけ保育園に来る子もいるし、あるいは週3日で1日5時間とか。そんなに裕福でない家庭は、フルタイムで預けて働くとか無理です。よっぽどの収入がないと、何も手元に残らない」

「そうですよねー」

「イギリスの保育園経営はもっとネオリベ的なんです。費用が高いから、利用する層も念入りに利用したい保育園を選ぶ。そうすると保育園も親御さんたちを獲得するために、いろんな付加的サービスをするし、例えば０歳児の配置基準は１対３ですけど、たいていの民間の保育園は保育士１人で０歳児２人を見ています。それを売りにするわけですよね。『うちは法定の基準以上のことをやってます』みたいに。保育園のなかとかも、ローラ・アシュレイの家具のショールームかと思うようなシャビー・シックなインテリアにして綺麗《きれい》に飾ったりして、よそと差をつけようとする。ＯＦＳＴＥＤの監査結果も自分たちのサイトに掲示して『うちはこんなにいい評価を貰っているんです』という宣伝材料にするんですよ。だから競争で保育の質も上がる」

「ああ、でも、そこはまた日本とイギリスの違いがあって、日本の場合は親が保育園を選べないんです」

「へっ？」

と驚くわたしに猪熊さんが日本の保育園の「選考制度」を説明してくれた。認可保育園に子供を入れたいと思ったら、公立、私立にかかわらず、日本の場合は保育園ではなく自治体に申し込むのだという。親が子供の保育を必要とする理由を証明する書類、収入額を証明する書類、申し込みチェックシートなど、英国在住のわたしからすれば、「たかが子供を保育園に預けるのに、どうしてそんな住宅ローンの申し込みみたいな面倒な手続きが必要なのか」と思うほど夥《おびただ》しい数の書類一式をそろえて提出し、自治体が保育園に子供を預けられる家庭を選考するのだという。これには点数制が採用されるそうで、フルタイムで働いている家庭は点数が高いとか、ひとり親家庭は点数が高いという風に、家庭の状況をポイント化して、高得点の家庭から順番に保育園に振り分けられるそうで、志望する保育園の名前は申請書に書き込めるが、第1志望や第2志望の園に入れるとは限らないという。

「日本の場合、親が選ぶっていうことがほとんど認可保育園の場合できないから。申し込んでも好きなように割り振られちゃうんですよね」

と猪熊さんは言った。

「それ辛いですね。でも逆にいえば階級ごとに分かれたりすることはなさそう」

「そうなんです。すごい混沌《こんとん》としてるんですよ。そこら辺は区別されないので、日本語を喋《しゃべ》れない外国人のお母さんとか、ベンツで送り迎えしちゃうお医者さんが同じ保育園に子供を預けます。誰でも同じ保育を受けられる。親の収入によって保育料も変わるので、同じ保育園で同じ保育を受けてても、タダで受けられている人と保育料上限マックスまで払っている人の差はかなりあります。でもそれは誰がどれくらい払って誰が払ってないかわからないシステムになっている。先生たちもそれはわからないはずです。たぶん園長先生もそれは見てないと思う。だからお金を多く払ってるからといって、いい保育を受けられるっていうことはないんです。そういう意味では、すごく平等ではあるんですね」

「それは面白いですね。イギリスにはないな、それは」

英国では、高額でインテリアにも凝った保育園にはミドルクラス家庭の子供が集まり、貧困地帯の保育園には近隣の低所得層の家庭の子供が集まっている。そこには日本の保育園のような階級のダイヴァーシティ（多様性）はない。

「でも、平等だからこそ、裏を返せば競争にならなくて、保育園のなかの環境とかも劣悪だけどそのままになっちゃっている部分もあるんでしょうね」

とわたしが言うと猪熊さんも答えた。

「なかなか保育園同士が競争になりませんからね」

「ネオリベにはネオリベの良さがあるんですね」

「日本には子供が好きな人はみんないい人だという性善説に基づく平等悪みたいなものがあるから。そういう面では、日本の保育は北欧以上に社会主義的かも」

猪熊さんはそう言った。

　ずっと与党が変わらず、「左派が政権を握ったことがない」と言われる日本に、欧州よりもずっと社会主義的な制度が存在し、一般的に社会主義が生み出す弊害と呼ばれるものを産出しながらも壊れずに残っている。欧州の社会のように、世の中が右傾化すれば強い左派が現れてそれに取って代わり、またそれが行き過ぎると右に揺り戻し、というダイナミックな政治の振り子の揺れを経験していない国には、ゴリゴリに資本主義的なものと、驚くほど社会主義的なものが難なく混在しているのだ。

「日本って、階級ってものが意外とないから、例えば横浜に住んでいる友達は寿町《ことぶきちょう》の保育園なら入れるって言われて」

「あ。そこ、こないだ行ったばかりですよ、そこが入っている建物に」

　わたしは思わず声を上げた。ほんの数日前に、釜ヶ崎《かまがさき》、山谷《さんや》と並んで日本三大ドヤ街と呼ばれる寿町に行ったばかりだったからだ。寿支援者交流会事務局長の高沢幸男さんに寿町を案内していただいたのだったが、同事務局が入っている寿生活館の1階に保育園があった。寿生活館のなかにはホームレスの方々が休憩できる場所や、シャワー室、洗濯室などもあり、まさにドヤ街のハブのような場所だったので、ドヤに住む子供たちを預かっているのかと思っていたら、「いや、普通の保育園です」と言われたのだった。

「最初、友達はすごいショックを受けてて。『ここなら入れるんだけど、どうしよう』みたいな。でもみんな普通に子供を預けているみたいで、入ってみたら意外と良かったって言ってた。だからそういう意味では、階級がないんです」

「それはイギリスではありえない……」

ドヤのおじさんたちが労働者風のファッションで歩き回っている街中に英国のミドルクラスのお母さんが子供たちを預けに来る風景を想像してみた。が、やはりそんな絵は浮かばない。下層階級風のヘアメイクをし、ストリート風の英語を喋る保育士が働いているだけでも嫌がらせをして辞めさせようとするお母さんたちである（元職場で実際にあった話だ）。貧困者救済運動の闘士か何かでもない限り、ミドルクラスのお母さんが貧困地区ど真ん中の保育園に子供を預けるなどということは英国ではあまり想像できない。

海外から日本を訪れる人がよく「ミステリアス」という言葉で日本で見たことを表現することがあるが、「上」と「下」や「右」と「左」の概念が平気で混沌と入り混じり、そのことにあまり違和感を覚えていない日本の、どこかおっとりした気配には、わたしも時おり同様の言葉を思い浮かべてしまうのだった。

閉鎖的で風通しの悪い社会である一方で、もっとオープンな国の常識でも「それはちょっとないだろう」と思うようなところでいきなり壁が打ち破られている。この唐突に覗《のぞ》く風穴の奇妙さは、日本滞在中ずっとわたしの心に引っかかっていた。

待機児童問題はたぶん英国でもはじまる

さて、ここまで日本の待機児童問題は英国にとっては他人事《ひとごと》であるかのような書き方をしてきたが、実は英国の保育も大きく変わりつつある。

保守党政権が、現行では3歳児（低所得層では2歳児）から週15時間まで国が保育料を負担している保育制度を、30時間に引き上げると公約しているからだ。キャメロン元首相はこの案を2015年の総選挙でマニフェストの目玉の一つにしていた。そのための財源は、年収150万ポンド（約2億4000万円）以上の高齢者の年金にかかる税金控除額を制限することによって捻出《ねんしゅつ》すると発表されていた。

週に30時間まで国が保育料を負担するという新制度は2016年9月から八つの地方自治体で試験的に導入され、2017年9月からは全国で一斉導入されることになっている。これが始まれば、これまで保育料が高すぎて子供を預けることができなかった多くの人々が保育園を利用し始めるのは間違いない。暇ができたので仕事でもしようかと思う人も出て来るだろうし、保育料が高すぎてフルタイムで働くことを躊躇《ちゅうちょ》していた親たちも、週10時間分の保育料なら負担できるからとパートからフルタイムに切り替えるケースが増えるだろう。そうなれば、英国でも特に首都圏では保育施設が不足するのは目に見えているし、保育士の数だって足りなくなるだろう。

英国はEU離脱という大きな問題を抱えているので、メディアはこの件をまったく取りあげていないが、実はいま日本で起きているような問題を英国も後追いで経験する可能性が大なのである。これらの問題を未然に防ぐために、政府は10億ポンド（約1600億円）を保育に投入すると公約しており、既存の保育施設の拡大や新たな保育園の立ち上げを奨励すると言っているが、保守党政権がこの新制度と共に導入すると宣言しているのが「保育業界の大幅な規制緩和」であり、これには嫌な予感がすると言っている保育関係者は少なくない。

例えば、日本のある公立保育園で22時まで預けられている幼児を見たときに、

「こんなことは英国ではありえない」

と断言したわたしだったが、新制度では英国も、18時までだった保育時間を20時までに延長することになっており、保守党政権下の英国の保育制度はだんだん日本に近

づいている。

労働党がおこなった幼児教育改革が「保育の質を上げ、すべての幼児をしっかりと教育することによって、社会の流動性を増す」ことだったとすれば、今回の保守党による保育制度改革は「保育の質にはこだわらず、規制を緩和することで、とにかく多くの親が子を預けて働けるようにする」ことであり、税収を増やして財政の健全化を達成したいという緊縮派の経済政策がここでも透けて見える。

労働党政権がおこなった幼児教育改革の最中に保育士になったわたしは、ベテラン保育士たちに、

「あなたは一番いい時代に保育士になったのよ」

とよく言われる。実際、6年前に保守党が政権を握ってから、英国の保育業界は大きく変わった。地域のチルドレンズ・センターの多くは閉鎖になり、運営しているところでも予算が削減されたために多くのサービスをやめている。保育士が働きながら無料で学ぶことができた大学のコースも多くの自治体で有料になり、保育士の資格取得コースだって有料になった。政権が変わるとこれほどいろんなことが変わってしまうのか。と驚くほど保育業界は労働党から保守党への政権交代で、というかもっと厳密に言えば緊縮財政政策で変容してしまった。

どこの国でも政治と保育は密接に繋がっているのだが、それが親や子供たちに与える影響はよく語られても、保育現場で働く人間への影響は、賃金や労働待遇以外の面ではあまり語られることがない。保育士の賃金が低いのは英国も同じで、待遇が悪いのもまったく共通の事実であるから、それをまず改善しなければならないというようなわかりきっていることはさておき、それ以外にも政治が保育士におよぼす大きな影響がある。

わたしが保育士という仕事に興味を持った時期は、ちょうど労働党政権が大規模な保育士のリクルートをおこなっていた時期と重なっていた。あのころは全国の自治体が、どうやったら保育士になれるのかについての情報を提供し、実際に地域で保育士として働いている人々や、保育士になってからキャリアアップした人々の話を聞くことができる3日間の無料コースを開催していた。

そのコースでわたしが話を聞いた保育士の一人は、ちょっとした地元の有名人だった。「ブライトンのモリッシー」と呼ばれる彼女は、黒髪をリーゼントにした男装の麗人で、LGBTコミュニティのパブやクラブでギターを抱えてよく歌っているミュージシャンだった。彼女は音楽活動をする傍ら、恋人の女性と二人で保育所を経営していると言っていた。

「夏のよく晴れた日に、赤いダブルデッカーバスを借り切って、屋根のない2階で大声で子供たちと歌いながら海岸沿いの道を走っているとき、牧場の真ん中にパラシュートを広げてみんなで潜り込んでお化けごっこをして、出て来たらいつの間にか羊たちに囲まれているとき、ふっとこんなにクレイジーな仕事はほかにはないだろうって思う。一日中オフィスに座っている人たちには、きっとそんなことを思う瞬間はない。それだけでも、保育はクールな仕事だと思う」

そう彼女が言ったとき、脇に座っていたジャマイカ系の中年女性が目を輝かせながら髪につけたビーズをジャラジャラさせて頷《うなず》いた。その隣にいた長身のスキンヘッドの男性もにっこり口角を上げて笑っていた。前者は7人の子供を育て上げたお母さんで、後者は障害を持つ子供を数年前に亡くしたエンジニアのお父さんだった。わたし自身も含め、そこにいた人々は、学校を卒業してそのまま保育士になる若い人たちとはまったく違う、普通はあんまり保育士にはなりそうもない年齢や経歴の人々だった。

だからわたしたちは保育士の賃金が低いことや待遇面の悪さもよく知っていたし、そういうことを優先するのならエンジニアとか翻訳者（わたしだ）の仕事をそのままやっていたほうが良かったのである。だが、なぜかそれでもわたしたちは子供たちと働きたいと思ったのだ。そしてジャマイカ系のお母さんとスキンヘッドのお父さんとわたしは、同じコースで資格を取って保育士になったのである。そうさせるだけの理念とエネルギーが労働党政権時代の英国の保育制度にはあったのだと思う。

　保育の仕事は政治のあり方次第でクールにも、アンクールにもなる。幼児を大人の経済活動の邪魔になる厄介者と見なす政治は、保育士をクールな職業にはできない。わたしたちの仕事をクールにできるのは、人間の脳がもっとも成長する重要な数年間を生きている小さな人々として幼児を認識し、社会全体で彼らを支え、国の将来を担《にな》う人たちのポテンシャルを最大限に伸ばすために投資する政治だ。

　未来の世代のために借金を残すべきではないと言っても、その未来の世代が存在しなくなったら国は滅亡する。日本の反緊縮運動は保育園からはじめよう。

第四章

大空に浮かぶクラウド、
地にしなるグラスルーツ

日本のデモを見に行く

それは英国の感覚でいえば「真夏かよ」と思うぐらい気温が上がった2月のある日曜日だった。花粉症持ちのわたしなどはマスクと眼鏡で完全防備しないと歩けないほど晴れたその日、担当編集者の綿野さんに連れられて「安倍政権NO！ ☆0214大行進in渋谷」と銘打たれた日本のデモを見に行くことになった。

この日のデモのルートは代々木公園集合で渋谷駅から原宿駅を回るコースになっているらしく、わたしたちは原宿駅の前で待ち合わせて代々木公園のケヤキ並木に向かった。

英国では「アンチ・トーリー（反保守党）」はあっても、「アンチ・キャメロン」とかいう首相名指しのデモは聞いたことがないな。ああでも、そういえばサッチャー元首相が死去したときにはトラファルガー広場で「アンチ・サッチャー」のプロテストをやってたっけ、などと考えながら歩いていると、目の前にショートカットでジーンズ姿の初老の女性が歩いていた。背中にしょったリュックの取っ手には「アベ政治を許さない」という筆文字の小さなタグが下がっている。

あ。と思わず声が出そうになった。数日前にまったく同じようなファッションの、まったく同じタグをリュックにつけた初老の女性を地下鉄のなかで見かけたからだ。もしかしたら同じ女性？　と思ったが、そうではない。背後からわたしたちを追い越していった女性も、その少し前で立ち止まって誰かを待っているような様子の二人組も、やはり同世代の女性で、まったく同じような格好をしている。

そうか。彼女たちは日本の一つのトライブ（族）なのか。と気づいた。

わたしが若いころなんかは原宿といえば竹の子族とかローラー族とか、おそらくこの初老の女性たちの娘時代には、ファッション誌の『an・an（アンアン）』や『non-no（ノンノ）』が全盛期でアンノン族と呼ばれた若者がこのあたりを闊歩《かっぽ》したものだろうが、ケヤキ並木に向かって歩いている目の前の初老の女性たちもそうした族の一つのように見えた。

地下鉄の中で見かけたこの「トライブ」の女性のことをよく覚えているのは、ちょっとした出来事を目撃したからだった。その日、取材の帰りに地下鉄に乗っていたら、「アベ政治を許さない」のタグをリュックに下げた白髪のショートカットにジーンズ姿の女性が乗り込んできてわたしの隣に座ったのだった。そのタグを目にしたのはそのときが初めてだったので興味を持って眺めていると、彼女はリュックのなかから布のカバーがついた本を取り出して読み始めた。どんな本を読んでるんだろうなあ、と思ってちらっと覗《のぞ》いてみると、「原発」とか「核燃料」とかいう文字が並んでいるのが見える。

彼女とわたしの前に高校生ぐらいの年齢の制服姿の男子3人組が立っていて、彼らもその女性のことを見ていた。そしてテレビに出て来る若い男優のようないま風の髪型をした男子がソフトな声で言ったのである。

「クソ左翼」

それは一瞬聞き間違いかと思うほどに何気ない、まるでありきたりの会話の一部のように、拍子抜けするほど軽い調子で発せられた言葉だった。けれども初老の女性にもそれは明らかに聞こえていたようで、何ごともなかったかのように本を読んでいる横顔がちょっとこわばっていた。

わたしは面食らった。こういうことが起きているのはネットのなかだけかと思っていたからだ。酒好きのわたしは日本滞在中いろんな人たちと毎晩のように飲んでいたのだが、そこで幾人かの人が言っていたのは「いやあ、飲み会でこんな風に政治の話をすることはないな」ということだった。「えっ。でもほかに何を話すことがあるんですか？」とわたしは驚いたのだったが、英国ならパブに行っても道端でも普通に天気の話や芸能人のゴシップ話をするように政治の話をする。ということは英国の人々のほうが日常的に政治を語り合っているということになるんだろうが、しかしこんな風に、

「ファッキン・レフト」

とか電車のなかで他人に言っている人は見たこともないし、現政権にアンチを張っていることを明確に示す物体を身に着けて往来を歩いているお婆《ばあ》さんもいない。ある意味、日本のほうが英国よりよっぽど剝《む》き出《だ》しにポリティカルなのかしら。と思いながらあの日わたしは電車を降りたのだった。語り合うことに慣れていないから極端になるということもあるのかもしれないが。

代々木公園のケヤキ並木に入ると、様々な人々が立ってビラや小冊子を配っていた。いくつかの取材先で見かけた人たちからもビラを渡された。が、こちらはマスクと眼鏡で花粉対策しているので先方は気づいていないようだった。ほんの数週間しか東京に滞在していないのに、それでもこうやってすでに会ったことのある人を複数見かけるということは、もしかするとこの世界はすこぶる狭いんじゃないかと思った。

街宣車の上で司会をするSEALDsのメンバー

街宣車の上でオープニングスピーチが始まった。うららかすぎる春の日差し。花粉が眼鏡の脇《わき》から目に侵入してきた。涙目になって周囲をきょろきょろ見渡すわたしは、軽い衝撃を受けていた。

「年齢層がすごく高くない？　それとも、わたしたちがそういう場所にいるのかな」

脇にいた綿野さんに聞いてみた。

「いや、ここ街宣車の真ん前ですから、特にそういう場所だということはないと思います」

「SEALDsは今日は来てないの？」

英国でも『ガーディアン』紙に取りあげられていた、あの有名な若者たちはどこにいるのだろう。

「いや、参加しています。あの司会している人はＳＥＡＬＤｓの人です。ほかの人たちはあっちのほうにいるんじゃないですかね」

と綿野さんが指さすほうを見るが、そっちのほうには機材が積まれたトラックがあるだけで、あまり人がいる気配はしなかった。

つらい目を必死でしばたたかせながら視線を上げてみれば、白いレースのスカートを穿《は》いた女性が、街宣車の上で演説しているところだった。

「みなさん、この闘いが終われば、私たちは本来の穏やかな自分や優しい自分に戻れると思います。私ももともとの、おしとやかな自分に戻りたいと、そういう風に思っています」

と彼女が言うと、背後にいた高齢の男性が、

「そのとおり！」

と声を上げた。

おしとやか。という言葉は英語で何と言えばいいだろうとふと思った。Ladylikeだな。淑女のような、上品な。そんなことを考えている間にも小春日和《こはるびより》のぽかぽかした広場のあちこちから「そうだ！」という野太い声が上がる。さざ波のようにげらげら広がる笑い声。実に和やかな日曜の午後のひと時だ。

みんな楽しそうだったが、わたしは目が痒《かゆ》かった。

交差点に降り立った伊藤野枝

道路のほうに右翼の街宣車が止まっているそうで、そっちのほうに走っていった人たちがいた。すわ、揉《も》め事《ごと》か、と思ってわたしたちも走っていったが、よく聞き取れない声で黒い街宣車のなかの人が何かマイクで言っていて、2、3人の血気さかんな男性がいきり立って街宣車に近づこうとするのを、「WAR AGAINST WAR」などの英語のロゴが胸元にプリントされたTシャツを着た人たちが近づかせまいとしていた。警察も出ていて、警察はその血気さかんなデモ参加者と、血気さかんな人たちを街宣車に近づかせまいとする人々との外側にいる感じで、「WAR AGAINST WAR」Tシャツの人たちが「大丈夫です」と警察に挨拶《あいさつ》していた。

「もしかして、あれが、あざらし（SEALDsをもじりSEALs＝あざらしと名乗っているグループ）っていう人たち？」

すっかり物見遊山《ものみゆさん》のわたしは綿野さんに聞いた。

右翼の街宣車を取り囲むデモの参加者

「たぶん」

と彼も頷《うなず》く。

わたしたちはしばらくその出来事を眺めていたが、特に何かに発展する様子もないのでオープニングスピーチの人だかりのほうに戻った。

しばらくするとデモ隊がパレードの列に並び始めた。街宣車の上だったか、トラックの上だったかよく覚えていないが、何にしろみんなより一段高い位置にいる女の人が、

「5人ずつ1列に並んでください。5人ずつです！」

「第2グループがちょっと多すぎるので、そこの最後尾の10列は第3グループに移動してください」

みたいにマイクで指示している。

何かそれは懐《なつ》かしい風景だった。わたしの故郷には博多どんたくという祭りがあって、毎年5月になると600を超える団体が参加する「どんたくパレード」というのがおこなわれるのだが、わたしも子供のときにしゃもじ隊の一員として地元の団体から参加していたものだった。あれもこんな風に、運営側の人が「1列5人でお願いしまーす！　団体と団体の間は5メートルぐらい空けてくださーい」とか高いところからマイクで言っていて、あんまり他人と歩調を合わせるのが得意でなかったわたしは、「みかちゃん、1人だけ飛び出して歩いたらいかんよ。パレードは好き勝手に歩くもんやなか」と町内会のおばちゃんたちに叱《しか》られていた。

それにしても。パレードの隊列づくりを脇から見ていると、いよいよデモ参加者の構成が浮き彫りになった。

「マジで……年齢層が高いね」とわたしは漏らした。

「これは、やっぱり安保デモも遠い昔のことになったし、夏の参議院選挙もまだ遠い先のことだしってことで、なかだるみしている時期だから、昨年とは構成が違うって感じ？」

綿野さんに聞くと、昨年夏の国会前での安保法制反対デモを取材していたという20

代の彼はこう言った。

「いや、去年もやっぱり年齢層高めでした」

「だって、このグループはＳＥＡＬＤｓで、その後ろは高校生のグループってことになってるんでしょ？　でも若い人は一番前の２、３列だけでそこから後ろに並んでるのはみんな中高年じゃない」

「まあさすがに、去年はもっと若い人たちもいた気がしますけど」

そういう言葉を交わしながら、わたしはノラ・ブリゲード（NORA BRIGADE）というマーチングバンドを探していた。博多どんたくを連想したから彼らを思い出したというわけでもないが、その数日前にカフェ・ラバンデリアというバーで権田菜美《ごんだなみ》さんというメンバーのお嬢さんと知り合い、「見に行きますね」と約束していたのだ。代々木公園ステージ脇のロッカー前で衣装合わせをしているので来てください、と言われていたのに、わたしが遅刻してしまったために、そっちに向かったときにはすでに彼らの姿はなかったのだ。

ノラ・ブリゲードについては、昨年の安保デモのときに、旗を振って踊っている権田さんの姿が雑誌の表紙に使われていたので知っていた。その表紙を見たときは、博多どんたくというよりは、ブライトンのＬＧＢＴプライドパレードを連想した。

「デモや抗議行動に現れる『意思を持つマーチング・バンド』で、ラディカル・マーチング・バンドという形の社会運動手法であり、音楽／表現活動です。演奏やパフォーマンスで、運動を盛り上げたり、楽しいものにしたりしたいと考えています。ちなみに日本では唯一《ゆいいつ》、そして初めてのラディカル・マーチング・バンドです。賛同するイシューであれば、どこにでも現れます」と権田さんはメールでノラ・ブリゲードについて説明していた。

デモ行進のスタート地点の脇に立ち、次々に出発する参加者たちを見送っていると、ついに華やかな色彩のノラ・ブリゲードの一団が現れた。

「権《ごん》ちゃん！」

と顔に着けたマスクを取って千切れるほど手を振るわたしはすっかりパレード見物の観光客のおばはんだった。きらびやかな衣装を身に着けた楽器隊。その先頭に立っている「権ちゃん」こと権田さんは、グレーのブラに革パンを穿いて黒いボレロを着用、髪とボレロには大きな薔薇《ばら》をつけ、グリーンの大きな旗を握ってすっくと立っている。まるでデモ隊のジャンヌ・ダルクみたいだ。カメラや携帯で熱心に権ちゃんの写真を撮っている外国人観光客の姿が目についた。

わたしと綿野さんは、ノラ・ブリゲードの脇について歩道を歩き始めた。いつまで

デモ隊の先頭で踊るノラ・ブリゲードの權田菜美さん

もしゃがんで權ちゃんの踊る姿をビデオに撮っている白人男性にけつまずきそうになりながら、わたしも携帯で彼女の写真を撮るのだが、固定ファンらしき人々に混じって、歩道を歩いていた人々も立ち止まって彼女に携帯を向け始めたため、權ちゃんじゃなくて知らない人の後ろ姿や、ぶれた画像ばかり撮れてしまう。

「無人の交差点で一人で踊っているときが、すごく格好いいですね」

背後から綿野さんが言った。どんくさいわたしのことだから、どうせまともな写真が撮れるわけがないと思ったのか、黙々と写真を撮り続けている。

彼が言うとおり、車が1台も走っていない交差点の、誰も歩いていない横断歩道の上で、大きな旗をびゅんびゅん振って踊る權ちゃんはとても気持ち良さそうだった。やれ5人1列になって歩きなさいとか、ちょっと全体のバランスが悪いので場所を移動しなさいとか、そういう高いところから発される言葉は彼女には一切適用されない。そんなの知ったこっちゃないし関係ない。私は私のやりたい踊りをただ私がしたいようにやるだけ。無主義、無規則、無方針。他人と歩調を合わせるのが苦手で幼少のころからおばちゃんたちに叱られてきたわたしには權ちゃん的なプロテストは理想形に見えた。いいね權ちゃん、さすがアナキスト。デモ界の伊藤野枝みたいだ。けど大杉栄はどこにいる。

ふと、ブライトンに戻ったら、「日本のデモでクールな子を見た」とLGBTプライドパレードで毎年踊っている友人に写真を見せてやろうと思った。

「いま撮ってる写真、送ってね」

相変わらず淡々と写真を撮っている綿野さんに頼むと、

「わかっています」

という答えが速攻で返って来た。

あれもデモ、これもデモ

権ちゃんにばかり見とれているわけにもいかないので、わたしと綿野さんは前方のほかのデモ隊も見に行くことにした。

「すごい間隔が離れちゃったね、ほかのデモ隊もういないじゃん」

などと言いながら明治通りを原宿に向かって小走りに急ぐ。途中、歩道橋の近くに小さな人だかりができていて、道路の向こう側に停車している、日章旗ペイントの黒い街宣車が目に入った。トラメガを抱えた人がこちら側から何か怒鳴っていて、その周囲に警察や公安とおぼしき人たちが数人立っている。

「あそこに立ってる人がレイシストをしばき隊（現C.R.A.C.）の野間《のま》〔易通《やすみち》〕さんですよ」と綿野さんが言った。

「えっ、あれがかの有名な？　やっぱウヨクとやり合ってるやん！」

ネット記事やYouTubeの動画で日本のデモの様子を見ていたわたしには、関係者を目の前にするのはほとんど芸能人を見るような感覚だった。

「いやー、あの人がＥＣＤ？　うまいね、さすがに。ここのサウンドカーのラップはプロって感じ」

「やっぱちょっと違いますね、聞いてても。コールもしやすそう」

とか言いながらわたしたちはデモ隊の脇の歩道の上を歩いていた。

ネットで見る限り、いつもデモの画像や動画は若者の姿ばかりで、ああいうのを見ると日本のデモは若者中心なのだという印象を受ける。だが、実際のところデモ行進の参加者の大多数は中高年で、高齢者も多く、ＥＣＤのプロフェッショナル・サウンドカーの後ろを歩いていた隊列はまだいいが、高校生やＳＥＡＬＤｓが率いるサウンドカーについて歩いているお年を召した方々は、裏から入る複雑なテンポのラップコールについて行くのは容易ではなさそうだった。

前方から発せられるラップに全身全霊で耳を傾けてほとんど前のめりの姿勢になり、両手で拳《こぶし》を握りしめて懸命にコールして歩いている初老の男性。何度もつっかかりそうになりながら、目を瞑《つむ》って頭を上下に振りつつコールのリズムを必死で摑《つか》もうとしている白髪の女性。それはわたしに世田谷区の保育園で見た合奏中の子供たちの姿を思い出させた。タンバリンやカスタネットを握りしめ、ニコリとも笑わず、無駄口も叩《たた》かず、先生の指示どおりに打つところでは打ち、休むところでは休んでいた子供たち。あれを見たときにわたしは、これで子供たちに音楽の楽しさを教えることは可能なのだろうかと思ったのだった。

わたしが知っている英国の幼児たちなら、わざと休むところで打ち、打つところで休むあまのじゃくが必ず出て来るから、そうなると一定数の子供たちは「そっちのほうが楽しそう」と言ってついて行くだろうし、なかにはジャラジャラとタンバリンの脇の金具ばかり鳴らしているアナキーな子も出てきて、あんな風にきっちり一つにはまとまらない。だから保育士も「こうやりなさい」「それはやめなさい」という上から下に降ろす指導ではなく、「ああ、それも面白そうだね」「これもいいね」と言いながらアイディアを変化させていき、そのころには当初演奏するつもりだった楽曲とはまったく別物になっていることもしばしばだが、「じゃあ好きなように好きな音を鳴らしていいけど、先生がお尻《しり》を叩いたら1拍休みで、鼻を摘まんだら2拍休み。できるかなー君たちに」と遊びの要素を取り入れながら、子供たちと共犯で「曲らしきもの」をつくりあげていく。それは当初の計画からは外れているが、わたしたちは確実にもっと笑っている。げらげら笑って音楽を楽しんでいる。

路上デモにしても、例えば2014年のロンドンでの反緊縮デモなんていうのはもう、5人1列どころか道いっぱいに人が溢《あふ》れて、「あ、反緊縮だって、加わろうぜ」みたいに脇から勝手に入って来る人たち（その一人がわたしだった）がたくさんいたし、

「どっから来たの？　あっそう、ブライトン？」みたいに周囲の人たちと雑談したり、隊列のなかから勝手に面白いジョークコールを飛ばす人がいてみんなで爆笑したり、なんというかこう、もっとだらだらして和気あいあいとしていた。

が、わたしの目の前を歩いている人々は、間断なくラップのコールを連呼して、雑談している人もふざけている人もいなかった。実に画一的である。何かもっと違うことをやる人たちがいてもいいのではないか。と思った。例えば詩吟コールとか、昔の歌謡曲の替え歌コールとか、自分たちの年齢やライフスタイルに合った、自分たちにとってもっと楽なやり方があるはずだ。経済にデモクラシーを。デモにもデモクラシーを。

そんなことを考えつつわたしは歩道側の人々に目を移す。その日はバレンタインデーだったので、デートしている若者たちの姿がけっこう目についた。往来で熱烈な接《せっ》吻《ぷん》を交わしたりするカップルもあり、いやあ日本も変わったな、としみじみしながらわたしは彼らの脇を通り過ぎていった。

ケバブショップの前のテラスで、ケバブの包みを黒人のガールフレンドに渡してチュッと頬にキスしている日本人らしき男の子がいた。男の子はその隣に立っていた初老の男女にも飲み物を渡していた。彼のご両親なのだろうか。黒人の女の子と彼のお母さんとおぼしき初老の女性は赤い薔薇の花を一輪ずつ握っていた。微笑《ほほえ》ましい。この人は力士見習いの人だろうと思う体格と髪型の青年が、小柄な女性の手を引いて歩いていて、二人ともプロレスラーのアンドレ・ザ・ジャイアントの顔をモチーフにした「OBEY」のおそろいのTシャツを着ていた。ほのぼのしている。

ふっと、自分が、触れ合うことのない二つのパラレルワールドの境界線上を歩いているような錯覚に陥った。懸命にコールを繰り返しながら、ニコリともせずに整列して歩いている右側の人々と、家族や友人や恋人と天気の良い日曜日の午後を思い思いに過ごしている左側の人々。彼らはお互い確かにそこに存在しているのに、まるで双方の世界からは互いの存在がまったく見えていないかのようだった。

「何か、でもはっきり言って若者はこっち側にいるじゃん」

わたしは左手で歩道側を指しながら綿野さんに言った。

「ですね。大多数はこっち側です」

と綿野さんは答えた。

わたしの右側で展開されている規律正しい画一的な世界と、左側で展開されている多種多様な日常の光景。ダイヴァーシティとデモクラシーを求めて叫ぶ人々と、そんなことはどうでもいい人々。多様性と同質性。同質性と多様性。自由と束縛。束縛と自由。それらの概念が逆説的にひっくり返り、パラレルワールドの境界線の両側を行ったり来たりしている。

原宿駅の前まで来ると、天気の良い日曜の午後だけあって横断歩道付近は大勢の人で溢れかえっていた。竹下通りの入口にテディベアの着ぐるみを着た人が立っていて、子供と握手したり、写真撮影に応じたり、手を振ったりしている。ふっと脇を見ると綿野さんまでにこにこしてテディベアに手を振っていた。

「え。もしかして綿野さん、ああいうのがいたら手を振る人?」

「普通振るでしょう」

「振らないよー」

「いや、いたらちゃんと手を振りますよ。振るのが普通です」

などと言い合いながらGAPを通り過ぎて横断歩道の前に出て来ると、少女たち数人が、

「あ、SEALDsだ!」

と携帯で写真を撮ったりしていた。

「あそこ、歩いているのがSEALDsの奥田〔愛基《あき》〕君ですよ。サウンドカーでラップしているのが、牛田〔悦正《よしまさ》〕君」

綿野さんが解説してくれた。

「へー、じゃあひと通り見たね、今日は」

「そうですね。それぞれが一番それぞれらしい活動をしている姿を」

「うん。見た」

と言いながらわたしたちは駅に向かって横断歩道を渡った。

「〔安保法制〕賛成議員は落選させよう」「憲法読めない総理はいらない」という裏打ちのラップコールが背後からせわしなく聞こえていた。

伸び伸びと青空に向かって旗を突きたて、気持ち良さそうに舞う権ちゃんは今ごろどこで踊っているのだろう。

クラウドとグラスルーツの概念

2015年の秋、政治誌『ニュー・ステイツマン』にNESTA（英国国立科学・技術・芸術基金）のチーフエグゼクティヴ、ジェフ・マルガンが寄稿した「コービン・スプレマシー　トロツキー、ブレア、そしてニュー・ポリティクス」という記事が掲載された。

ジェフ・マルガンはティーンのころ、当時まだ駆け出しの国会議員候補だったジェレミー・コービンの支持者として選挙運動を手伝い、元ロンドン市長のケン・リビングストン、現・影の財務相ジョン・マクドネルら労働党左派の重鎮たちの部下として働き、「第三の道」を提唱したトニー・ブレア元首相やゴードン・ブラウン元首相の下でも働いたことがある。「この波乱に満ちた経歴のおかげで、僕はそれぞれの美徳と悪徳を至近距離で見て来た」と彼は書く。若き極左議員ジェレミー・コービンに心酔し、その流れでトロツキスト（マルクス主義者）になった彼は、やがて「勝てない潔癖左派」に失望を抱くようになり、福祉重視の政策を取りながら新自由主義を推し進めたトニー・ブレアの「ニュー・レイバー（新たな労働党）」に希望を見出《みいだ》す。

1980年代初頭に薄汚いフラットの一室で床の上にうずたかく積み上げられた本に囲まれて座り、若き日のコービンを含む「労働党若き社会主義者たちの会」のメンバーたちが語り合っていた内容は、現代の英国の若者たちの主張と酷似していると彼は書く。だが、労働党のトニー・ベン議員を熱狂的に支持し、世界を変えることを夢想していた彼らの思想は、グルーチョ・マルキシズム（コメディアンのグルーチョ・マルクスの芸風のように「何であろうと、とにかくすべてに反対！」という否定的理想主義）に陥りがちだったことも認めている。

だが、そのうち彼は「異端者」の烙印《らくいん》を押されてトロツキストたちのセクトから放り出される。「現実的な利害が絡《から》んでいない大学の政治運動の世界には、悪名高き残酷さがある。それはトロツキストたちにしても同様だった」と彼は分析している。

彼は、ビリー・ブラッグやポール・ウェラーなど、マーガレット・サッチャーの政権に反対するミュージシャンやコメディアンによって80年代半ばに立ち上げられた労働党支援団体レッド・ウェッジにも深く関わった。ライブでミュージシャンや機材の移動に使う車両の運転手として働いていたのだ。そうかと思えばスリランカで僧侶《そうりょ》になる修行をしたり、いろいろと精神的葛藤《かっとう》もあったようだが、その後、彼は地方公務員となり、そこからブレア政権の政策戦略ユニット長にまで上り詰める。いわば、労働党内の左端から右端まで知り尽くし、レッド・ウェッジの機材搬送トラック運転手からブレアの政策アドバイザーまで務めた彼は、２０１５年における、泡沫《ほうまつ》候補と呼ばれたコービンの労働党党首就任に驚きはしなかったという。

「最近の政治的支配階級に対する民衆の憎悪《ぞうお》の爆発は何も驚くことではないし、常識的分別を疑い、タブーを破る考え方を僕は歓迎する。特に、経済政策の分野では」というマルガンは、しかし英国のコービン陣営よりはポデモスに可能性を見出しているようだ。従来の考え方を覆《くつがえ》すような掟《おきて》破りの政策を提示し、人々に希望を与えたり、熱い議論を促すだけでは、社会変革を起こすには不十分だというのだ。

「変革のもう一つのソースは実践である。実際にそれをおこなっている人々に耳を傾け、学ぶこと。スペインのポデモスのようなムーヴメントのルーツは、マルクス・レーニン主義の燃《も》え滓《かす》のなかにではなく、市民活動のなかにある」

ここでマルガンが指摘しているのはグラスルーツ型の市民活動から立ち上がった政治勢力の重要性である。「草の根」と邦訳されるグラスルーツは、文字どおり地域社会にしっかりと根を張った活動のことだ。それは一人暮らしの老人のために定期的に食料品をスーパーで買って届けている地域住民のグループかもしれないし、何らかの理由で子供のころに勉強できなかった人たちのために無料の成人向け読み書き教室を運営している大学教員かもしれない。英国にはこうした目立たないところで地道な活動をおこなっている無数の団体やグループが存在し、全国津々浦々で根を張っている。

そして2015年にコービンが労働党党首に立候補したときには、各地のグラスルーツたちが一斉に繋《つな》がって一つになった。「ああいう人が党首になってくれるのなら、私はもう一度労働党に入る」「彼が政治のリーダーになってくれたら私たちの仕事がやりやすくなる」と、若者や労働組合員だけでなく、こうした草の根のアクティヴィ

ストたちが労働党に入って彼に投票した。だからコービンは、党首になって初めての党大会でも、

「ここにたくさんのアクティヴィストたちが来ておられるのを僕は知っています。そして僕もあなたたちと同じ一人のアクティヴィストです」

と言ったのである。実際、彼もまた80年代から貧困層の多い選挙区で様々な地域の活動に関わって来た。しかし、こうしてグラスルーツに支えられて党首になったコービンが、実際の政策運営では彼らの力を活用しようとしていないのはなぜだろうとマルガンは指摘している。

「コービニズムには奇妙な特徴が多く見られるが、そのうちの一つは、地べたのアクティヴィストたち、つまり食料やリサイクル、メンタルヘルス、高齢者ケアなどの分野で働くグラスルーツのパイオニアたちの仕事にあまり関心を払っていないように見えることだ。これは致命的な欠点になりうる」

スペインのポデモスは2011年の15M運動から出て来た政党だ。広場に多くの人々が集まってそれぞれが自分の分野で政策のアイディアを出し合ったという15M運動から、自分の地域に戻ってそれを形にする人々が現れた。パブロ・イグレシアスという党首のカリスマのせいで一人の指導者に心酔する人々が集まった政党のように思

われがちだが、実はポデモスは様々な地べたの市民運動や、そこから生まれた地域政党が合体した政党だ。労働党のような大政党とは違う。

しかし、マルガンは同じ大政党でも保守党のほうがグラスルーツの活用には長《た》けていると記述している。

「もしも何か問題に気づいたら、プラカードを振って誰かに何かをしろと言うのではなく、自分でやってみることだ。もしも世界を変えたいのなら、小さなスケールで自分のアイディアを試し、それからその規模を大きくすればいい。本来、これは労働党のテリトリーのように思える。だが、現在そうしたムーヴメントについてよく研究しているのは保守党のように思える」

つまり、大きなアイディアや理念を掲げて「社会を変えよう」と叫ぶのもいいが、実際に地べたで働いている人々のアイディアや経験を取り込んで政策運営に活《い》かし、少しずつ社会を変えているのは保守党のように見えるのだけれども、そこらへんはどうなってるんだい、とマルガンは言っているのだ。

これはわたしが日本のNPOの方々や、社会活動家の方々と会って聞いたことにも見事に共振する。「日本では、草の根に強いのは自民党」「実際に不動産を持って地域に根を張って活動しているのは、日本の場合は左派ではなく保守系団体」みたいな言葉を幾度となく聞いたからだ。

おりしも、現代のデモ系の運動は「クラウド」という言葉で表現されている。集英社新書『3・11後の叛乱《はんらん》　反原連・しばき隊・SEALDs』第2章「雲の人たち」のなかで野間易通氏は、雲のように集まって雲のように散っていくデモ参加者たちのメタファーが「クラウド」だと説明している（cloud《クラウド》は「雲」の意味）。また、五野井郁《ごのいいく》夫《お》氏は『「デモ」とは何か　変貌《へんぼう》する直接民主主義』で、現在のデモ参加者たちはクラウド・コンピューティングで情報をシェアし、本部も拠点も必要ないので、二重の意味でデモはクラウド的だという。

グラスルーツはそれとはまったく違う運動の形だ。クラウドのようなフレキシブルさや変幻自在さはないが、どっしりと根を張ってそこにあり、すぐに現れたり消えたりしない。ジェフ・マルガン風に言えば、このグラスルーツたちの仕事に関心を払わないことは、社会変革運動の致命的欠点になりうるのだという。

そうか。それならばわたしも、クラウドのように集まって散っていった人々の姿を見学した後は、下町のグラスルーツの御大に会いに行こう。

リサイクルショップあうん

あうんストリートと山谷のカストロ

ＮＰＯ法人まちぽっとの奥田裕之さんに案内していただいてあうんの事務所に着いたとき、中村光男さんは路上に立ってこちらを見ながらにっこり笑っておられた。全身びしっとグレーの作業着で決めて、胸元には「企業組合あうん」の刺《し》繍《しゅう》。作業着と同色のキャップを被《かぶ》った長身の中村さんを見たとき、「山谷のカストロ」という言葉が頭に浮かんだ。背筋のぴんと伸びた彼の姿は、現場作業着を着ているおっちゃんというより、キューバ革命時のフィデル・カストロやチェ・ゲバラの佇《たたず》まいを髣髴《ほうふつ》とさせたからだ。

リサイクルショップ内を案内する中村光男さん。路上生活者が生活保護を受給し、アパートに入居する際、家電から日用品まで生活必需品一式を安価でそろえられるように、リサイクル品を提供しているという。企業組合では、組合員一人ひとりが出資し、議決権を平等に持つ

荒川区東日暮里にある事務所のあたりは、もはや「あうんストリート」と呼んでもいい状態だった。あうん事務所にリサイクルショップあうん、自由ひろば、倉庫、そして駐車場には「あうん」と書かれたトラックがずらりと並んでいる。このグラスルーツは本気で地域に根を張っている。

「元路上生活者や失業者が自分たちで立ち上げた企業組合なんだ。日本の草の根活動を見たいならぜひあそこを見てほしい。これまで見たところとは違うはずだから」

そう言って中村さんを紹介してくれたまちぽっとの奥田さんの言葉の意味がわかった。すでに横浜のドヤ街寿町や「自立生活サポートセンター・もやい」の夜回りで路上生活者の過酷な越冬の姿を見ていたわたしにとって、ここで生き生きと働いているおじさんたちの姿は、真っ暗な冬の海で見る漁船の灯りのように見えた。

中村さんは、ひと通り「あうんストリート」を案内してくださった。リサイクルショップには家電から日用品、衣類などがところせましと並べられ、外国人らしき客も買い物に来ていて活気があった。驚いたのは自由ひろばと呼ばれる、地域の団体や活動のために無料で貸し出されているスペースだった。その建物のなかに、米の脱穀機があったのである。

「田んぼで自分たちで米をつくってるんですよ。それをここで脱穀して、炊き出し《だ》で提供するということをしています」

と中村さんは言った。徹底している。路上生活者や日雇い労働者が炊き出しでご飯を「恵んでもらう」のではなく、自分たちの力で米からつくり、同じ境遇にある仲間たちに配給しているのだ。

「あうんストリート」を一回りして事務所に戻り、2階にある畳の間で中村御大のお話をうかがうことになった。

「日本で一番進んでいる草の根は障害者運動だろうと思います」

と中村さんは言った。

「もともと行政の施設に入れられて暮らしていた人々が70年代ぐらいから街に出てほかの人々と同じように暮らし始めた。彼らは介護者が必要ですから、その介護者も自分で探し始めた。僕らのような若い世代にはもう、それが大きな衝撃でした。僕らはそれに刺激を受けた世代です。障害者運動のすごいところは、当事者運動だというところです」

シャイな印象の中村さんは、ゆっくりと、考えながら、言葉を選んで話す。その場限りのことは言わない人だと思った。

「70年代から障害者運動が続けて来られた理由は、これは僕の解釈ですけれども、それは事業として確立していったからです。障害者自立支援法ができてからは、障害者が事業主になって、自分たちで介護者を集めて、自分でその介護を利用するというシステムが可能になった。それと、障害者自身が障害者を教育すると言うのかな。それまでは、自分たちは社会的に何か欠落した、あってはならない存在のような、そういう意識を障害者自身が子供のころから身につけて来てしまうわけですよね。それを、『そうじゃないんだ』って言える当事者運動のエネルギーを障害者たちが共有できるようにしてきた。70年代といえば、在日の問題や被差別部落の問題などの運動もあったんですけど、やっぱり後退してしまった。そのなかで障害者運動だけが発展できたのは、労働を自分たちの運動のなかに取り込んだからだと私は思います」

と中村さんは言った。

日本語と英語で発せられる言葉は耳で聞くと当然まったく音声的には違うのだが、その訥々《とつとつ》とした語りぶりはどこかジェレミー・コービンを思い出させた。考えてみれば、ちょうど同じぐらいの年齢だ。彼らは地球の反対側で同じ時期から様々な運動に関わって来たアクティヴィストたちである。

70年代に在日コリアンの民族差別撤廃運動や部落解放運動に関わった中村さんは、こうした障害者運動の発展に刺激を受けながら、山谷に入り込んでいくことになる。

「日本の産業界には使い捨てできる労働力が歴史的につくられてきた経緯があって、システムとして完成したのは戦時中なんです。中国、朝鮮から強制連行という形で使い捨て労働力を完成させた。それがずっと戦後まで続いてきている。これは日本の産業の大きな特色ですが、その末端に山谷や釜ヶ崎が位置づけられていて、各地に暴力団がいて、経済的な搾取《さくしゅ》だけに限定しない、非常に暴力的な支配がありました。それに社会的排除も徹底していて、住民票が取れないとか。そうなってくると選挙権もなくなります。保険制度、医療制度からも排除されていました」

80年代に山谷に来た中村さんは自らも日雇い労働者として現地に根を下ろす。英国風に言えば、セツルメントである。

「まあ若かったから、暴力的に組織に対抗する、みたいなことにもなりました。知り合いが二人命を落としましたしね」

中村さんはいたって穏やかに語っておられるが、これはドキュメンタリー映画『山《や》谷《ま》―やられたらやりかえせ』の話である。いまは温厚な中村さんだが、昔はけっこう暴れちゃったクチだったのだろう。そういう噂《うわさ》も聞いた。が、そんな山谷の転機は、敵とも味方ともまったく関係ない外側からもたらされた。バブルの崩壊である。

「お互いにやり合っていたときは、僕らにとっても、暴力団にとっても、互いからやられることはまだたいしたことじゃなかった。双方がもっとも打撃を受けたのはバブル崩壊でした。僕らは90年代前半まで日雇いをしながら、主に労働問題とか、寄せ場という完全な被差別空間の問題で戦ってきましたが、はたと気づくと、拳を上げる敵がいなかった。労働問題ですから、それまでは雇用主とかそれを束ねている暴力団とかに向かえばよかったんですが、仕事がなくなると、『直接誰が労働者を搾取するのよ？』という話になってくる。しかも、ドヤの家賃が払えなくなってバタバタとみんな路上に出て来る。それこそ今日明日のご飯も食べられなくなって、これ、どうしたらいいのよ。命を守らなくちゃ、と思ってね」

こうして、それまでは肩で風を切って「しばき倒すぞ、だらあ」とか言って歩いていた山谷運動の闘士たちが、エプロンがけで炊き出しを始める。

「当時、新宿と上野と山谷で炊き出しをしていたんですが、1年で、お米代だけで250万とか300万とかかかっちゃうんですよ。それに、それだけ大量のご飯をつくるというのが、当時はそんなに支援者もいませんでしたから、できないんですよね。それでもう、『命は救えないよ、僕らの力では』と。『命はおっちゃんたちが自分で守らなきゃダメだよ。だからおっちゃんたちが自分で飯をつくってくれ』と、そういう発想の転換が起きたんです。キリスト教系の支援団体とか、昔から山谷に関わっている団体はだいたい『弱者を救う』みたいなやり方なんですが、僕らはそれができないので、『仲間自身が仲間を守る』という発想で、ずっと何ができるのかなと考えてきました」

それが現在の企業組合あうんの理念の発端となった。

「『当事者一人ひとりがもう一度自分の人生を取り戻す。たとえどれほど選択肢が少なくても自分自身で選んでいく。そして同じような境遇の仲間が繋がっている』と、そういうものを目指したかったんですかね」

中村さんは照れたように笑う。中村さんの言葉を聞いていてふと思う。山谷でなくとも、日雇いや路上生活をしていない人々だって、自分にはその三つができていると自信を持って言える人が現代社会にどのぐらいいるだろう。

こうして中村さんたちは2000年にフードバンク、2001年には医療相談会をつくり、2002年に現在の「あうん」を立ち上げたわけだが、初代便利屋あうん代表を務めた湯浅誠氏がこう書いている文書を見つけた。

2002年8月、あうんが発足した集まりの帰り、最初の事務所を出て駅に向かう路地で、「さすが中村さん、見切り発車するな〜」と話したのを覚えています。

（あうん・かわら版23号「あうん10周年記念特大号」）

こうして度胸一発で2002年にメンバー5名で発足、リサイクルショップを開店して、2003年には便利屋事業を開始、2007年には企業組合法人を取得し、2011年には売上が1億円を突破した。

事業体としての形にこだわったことについて、中村さんはこう言った。

「ＮＰＯはなかなか経済的自立ができない。制度上、基本的に出資や投資が禁止されてますから。ＮＰＯという制度自体は僕は大きく評価していますが、それが何かといえば、行政からの委託事業であったり、行政からの補助金を支えにやらざるをえない。それを強いられちゃう。そうなると、行政に対して声を上げにくい。生活保護を取った仲間たちが福祉事務所に胃袋を握られているのと同じです」

そういえば、ＮＰＯは政治的運動体の街宣スピーチなどに参加しても、政治家と並んで壇上に立つことはできないと言っていたＮＰＯ関係者がいた。

「ＮＰＯをつくった知り合いはたくさんいますけど、資本主義社会のなかで声を上げられない辛《つら》さ。ってのは、個々の労働者や貧困者と同じように、一つの運動体にもあるんです。だから、あうんは最初から事業としてつくるという……。皆目わかんないんですよ、やったこともないんですから。立ち上げたときなんて13万円のリサイクルショップを借りて、月の売上なんて14万円しかなかった。半年ぐらい賃金ゼロ。それでも経済的に自立したいから自分たちで事業を起こしちゃおうって……」

「そこが勇気ありますよね。肝っ玉が据わってるっていうか。普通それ、考えないもん」

わたしが思わず生意気なことを言うと、中村さんは少し黙って、淡々と答えた。

「やっぱ野宿をしているおっちゃんたちの影響でしょうね。耐える力が強烈ですから。そういう仲間たちと一緒に取り組んできたことが何かの『違い』になっているのかなと思います」

と言ってから、中村さんは少しとぼけた口調で、

「ある種の人たちからは『路線変更して事業なんかやりやがって』と言われていますが」

と続けた。「ははは」とわたしも笑う。

ある種の人々にとっては、ちょっとでも金の話が出て来たり、金をつくる話になるとその瞬間にすべてが汚れてしまう。だが金の話こそがすべての基盤であり、経済的に自立しないと言いたいことも言えないのだという中村さんの信念は、そんな思い込みよりもっとリアルで、もっと自由だ。

反貧困ネットワークへのくすぶり

日本で会った人々に「スペインのポデモスのような運動の可能性」のコンセプトを

話すと、多くの人が「日本でそれに一番近いものがあったとすれば、それは反貧困ネットワークだろう」と言った。過去形にするのはおかしな話で、現在もそれは存在しているのだが、なぜかみんなその話をするときには過去形になった。

「『反貧困ネットワークは人間らしい生活と労働の保障を実現し、貧困問題を社会的・政治的に解決することを目的として』(原文ママ)貧困問題に取り組む市民団体や労働組合、政治家、学者、法律家など多様な背景を持つ団体や個人が集まって貧困問題に幅広く取り組むため設立されたネットワーク」とウィキペディアには書かれている。

生活困窮者支援に関わる団体や個人の活動を配信するニュースサイト・マチバリーでは「2015年の夏、安保法案を焦点としてSEALDsなどを中心とする抗議デモが国会周辺を埋め尽くし、わたしたちの国が持つ市民運動の力がひさびさに可視化されました。(中略)ただ。これらの動きより約7年も前、日本でも『貧困』『格差』是正をイシューとする市民運動が盛り上がった時期がありました。2007〜2009年、『年越し派遣村』を象徴とした『反貧困』運動がそれです。当時確かにこの国には『貧困を解決しよう』『格差を是正しよう』という雰囲気が充満していました」と書かれていた。同サイトのインタビューで、水島宏明氏(「ネットカフェ難民」という言葉をつくった、元テレビディレクター）はこのブームについて「『湯浅誠』というスターがいなくなった途端にシュルシュルとしぼんでしまった」と評している。

中村さんも反貧困ネットワークの軸となった人物の一人だった。脱穀機のあった自由ひろばは、年越し派遣村の当事者の寄り合いの場としても提供されていた。

「ヨーロッパの反グローバリズム運動に刺激を受けました。あれを日本の運動体がどう捉《とら》えたのか、ということです。個人的には、旧来の枠組みというか、いわば革新と保守ですよね、日本の場合だと。そんな枠を取り払うんだ、みたいなね。ヨーロッパでもそれは同じだと思う。旧来の左派・右派の枠を取り払って、様々な層が何を奪われていて、何が足らなくて、生きていくのに何が必要なんだ、みたいなところでね、それを明確な社会メッセージとして打ち出して横に繋がる。そういう風に私は欧州の動きを受け止めたんですよ。例えば、住宅問題は、あらゆる貧困問題に共通している問題なので、そこで一緒にやればいいじゃないかと。旧来の政治イデオロギーではなく、民衆に必要とされているものを、階層に閉ざされず、階層を横断した形で取り組めないか。そういうことになると、運動体にも縦割りではない、ネットワーク型の支援組織が必要だという話をしていて、そこで湯浅君たちとも出会ったんです」

反貧困ネットワークは中村さんにとって欧州の反グローバリズム運動に対する日本

側からのアンサーだったのだ。

「そこには労働組合から社会運動組織からいろんな方々が最初は集まりました。で、2008年、2009年の年越し派遣村に繋がっていくんですけども、いまは私はもう出てないです。もう3年ぐらい出てないなあ。いまは私は福島の原発労働者の応援をやってまして、そっちがとても忙しくなっちゃったんで、できなくなったんですけども」

そう中村さんは言う。

「当時は全労協（全国労働組合連絡協議会、1989年に結成された労働組合の連合組織）の方とかもみんな参加しました。初めて出会ったわけです、反貧困ネットワークを通じて。労働組合が貧困問題に参加する、ってのは非正規労働者問題が入って来てからですから。で、まあ山谷・釜ヶ崎の取り組みをしてきたからこそ、日本の労働組合に対してはちょっとこう、『我慢ならねえ』みたいなところも実はあって。2000年ごろのホームレス問題が日本各地で顕在化したときに、実態はほとんどが期間労働者や派遣労働者だった。なのに組合の方々は、それに気づいてもいない。で、それが年越し派遣村に繋がっていくんです。これは労働組合にもやっていただかなくてはダメだと」

ゆっくりと考え、語尾を噛《か》みしめながら喋《しゃべ》る中村さんの表情が、いろいろあったんだろうなあということを匂《にお》わせた。

「標語としては『垣根を越えよう』だったんです。それぞれの社会運動も、労働運動も、自分たちのなかに垣根をつくってしまっているから、それを越えていこうよ、と」

中村さんはそう言って黙り込んだ。

「越えられましたか？」

と聞く自分の声が、そんな意識はまったくないのにやけに冷たく響いた。

「いやだから、それが、越えられなかった、っていう総括なんですよ」

「どうして越えられないんですか？」

「何だろうねえ……」

と中村さんは一瞬口ごもる。

「……学び合わないんですよねえ」

ここで笑うところではないのだが、あまりにもしみじみと言い切る中村さんの口調にわたしはつい笑ってしまった。

「なんというかね、例えば、『しんぐるまざあず・ふぉーらむ』（１９８０年に結成されたシングルマザー支援団体）の方々が来られる。すると、シングルマザーの方々が独自に抱える社会的に閉ざされた問題とか、その想《おも》いとか、ほかの領域をやっている人たちにはわからないわけじゃないですか。で、やっぱり学ばないといけないと思うんですよ、繋がるには。共通したものは何か、違いは何なのか。運動体にはその学び合う力があまりにも弱い」

「どうしてなんでしょうね」

「これ、これなんかはね……」と言って中村さんがわたしに一枚のチラシをくれた。

「あらかわ再発見」と書かれている。それは、あうんをはじめ、地域のNPOや社会福祉協議会の呼びかけでおこなわれる地域イベントらしい。バンド演奏あり餅《もち》つきあり、ボランティア団体の模擬店も多く出店するそうで、もともとはあうんの店舗でおこなっていた恒例の餅つき大会を今年は周囲の団体を巻き込んでヴァージョンアップしたという。

「まあ、みんなには言ってないんですけど、私なりの『反貧困ネットワーク』のやり直しなんです」

と中村さんははにかむように微笑《ほほえ》んだ。

これは中村さんだけではなく、わたしが日本で会った多くの人々にとって、「反貧困ネットワーク」は何かある種の「くすぶり」になって残っているような印象を受けた。ある人はしごくネガティヴに、またある人はノスタルジックに、まるで好きなのに添い遂げられなかった恋人を思い出すようにそのことを語る。

「なぜ運動体同士が学び合わないのかというのは……」と言って中村さんはしばし沈黙した。

「それはどうも日本の運動の特徴のように見えますけど」

とわたしが言うと、意を決したように中村さんが言う。

「実は右も左も、地域社会も、上意下達《じょういかたつ》がはびこっているからだと思うんです。それと、どういう考え方をしてもいいんですけど、はたと立ち止まって考える力がなくなっているというか……。私は学者でも何でもないですから、まったく直感でものを言ってるんですけど」

「中村さん、それはわたしも同じです。まったく同じです」

「考える、学び合う、という習慣が、実は運動体のなかにない。というところで共通しているんじゃないかと」

「……」

「私はもともと新左翼系の活動家ですから、もう辟易《へきえき》しているわけです。ああいう、ちょっとした違いで喧嘩《けんか》して……。左派もそうとう上意下達ですから、私はそういうのが肌に合わない。だから政治イデオロギーとかそういうので一緒にやるんじゃなくて、それぞれ違いがあるなかで共通点を見つけて、『いま生存すること』と『いま働くこと』、そこで繋がっていける方法を模索する。私にはもうそれしかないですけどね」

また、中村さんはこうも言った。

「結局、垣根を越えられるエネルギーってのは、当事者じゃないと出て来ないと思うんです。彼らは何かを奪われているわけですから、何とか新たな社会的環境をつくりだそうとする。だけど日本の社会運動は当事者を参加させない。当事者運動がもっと成熟しないと、垣根を越えて繋がる運動は日本には出て来ないのかなあと。山谷や釜ヶ崎に来る人たちは、地域から排除されて来るんです。そしてそこで日雇い、或《あ》るいはホームレスという風に新しくラベリングされる。だから搾取や差別はそこで始まったわけじゃない。当事者たちは山谷や釜ヶ崎に来て、そこで前歴を問わない、問われない、新しい人間関係をつくっていくんです。私は古い人間ですからこういう言葉になっちゃいますけどね、一宿一飯の恩義、みたいな、新しい縁。ところが社会運動のなかにはそれがない」

70年代から運動に関わって来た御大の総括がこれかと思うと、ずっしり重いものがあった。

新たなジェネレーションと国際連帯

取材の途中で中村さんに電話がかかってきた。事務所のスタッフから受話器を受け取り、座敷から立ち上がって襖《ふすま》の向こうで話しておられた中村さんの声が聞こえた。

「えっ？　誰？　でも、あいつ俺より若かっただろう……」

「で、葬式とかはどうするの……」

どうやら誰かが亡《な》くなられたらしい。暴力団との抗争もバブル崩壊も路上生活も乗り越えてきたタフな山谷のおじさんたちも、日本のほかの人々とまったく同じように高齢化しているのだ。

「平均年齢65歳ぐらいになってますからね。生活保護が取れるようになったらすぐ今度は介護保険の問題で、深刻な状況になってきてるんですけど。入れる施設なんかもうないんですよ。なおかつ山谷のドヤでは死ねない。死なせられませんから。どこかの施設に入ってもらわないといけないんですが、今は北関東の土地の安い、群馬だとか茨城だとか、もう山の中に施設をつくってもらって、そこに行ってそこで死んでいただいている。自分で働いたり、自分の記憶に残っている土地で死ねないわけですよ。でも実はそれは山谷だけの話ではなくて、一般の地域社会でも同じです。もうそこまで進行しちゃってるんです」

「そうですよね……。日本って、老人運動とか、出て来てもいいと思いますもん」

当然、あうん自体も高齢化しているのだが、中村さんたちは世代交代を進めて来た。

「一期生はもうみんな65歳以上ですから、反貧困ネットワークを通じてフリーターの若い子たちの話を聞いて、『あいつらがしている苦労は俺たちがしてきたことと同じだぜ。俺らはもうあと数年で足腰弱って動けなくなっちゃうから、あいつらに事業を引き継いでもらおう』みたいな話になったんです。それで、若い人たちが取り組めるように変えて行こう、という方向になって、企業組合の法人格を取り、同時に社会保険とか厚生年金とかもつくんなきゃいけないし、となったんです」

という中村さんは、

「本当はね、もっと社会運動に関心のある若い子たちも入ってくれるといいと思ってるんですけど」

と言って笑った。

「昨年、デモのほうは盛り上がってたみたいですけどね。ＳＥＡＬＤｓなんかはどう見てらっしゃいました？」

と聞くと、中村さんは言った。

「私は評価しましたよ。個人で声を上げた、という点を。一番評価したのは、俺はどこの大学のどこの学部の何という名前の人間だと宣言したということ。それは60年代の全共闘にはなかったことです。リスクも引き受けて個として立ち上がった、ということを評価しましたね」

逃げも隠れもせず、という姿勢は確かに御大の好みだろう。

「何君だっけ、ＳＥＡＬＤｓの……。彼は一度、事務所に来てくれたみたいです。僕はたまたまいない時だったんですけど」

と中村さんが言った。

「ああ、奥田君ですね。彼のお父さん（奥田知志《ともし》）がそれこそ九州でグラスルーツの活動をされている牧師さんだから、繋がりがあるんだよ」

と脇からまちぽっとの奥田さんがわたしに説明してくれた。

「いやそんな、直接に繋がっているわけではないんですけど、挨拶に来てくれたという話は聞いています」

照れたように顔の前で手を振りながら、中村さんは言った。

「集団として立ち上がるのがほぼ不可能な時代になっていますから、そんな時に個として立ち上がったことは評価します。それが根を張れるかどうかは、また別の問題ですが」

そうした若い運動も脇に眺めながら、中村さんは今、介護保険を勉強していると言っていた。山谷で暮らしてきた老いた仲間たちに、人間の尊厳を守る形で、もっと山谷に近い場所で人生を終わらせてやりたい。中村さんはそのことを一心に考えているようだった。

しかし、そうやって介護保険問題と格闘し、福島の原発労働者を支援する合間に、御大の目は日本の外にも向いているのだった。

「イギリスはあれでしょ、誰だっけあの映画監督。ケン・ローチか。彼が描くように、『俺たちは労働者だ』ってそういうことをね、民衆が身にまとうわけでしょう。……運動体なんてものは、一緒に歩む民衆がいないと力づけられないんですよ。民衆の中に入って行かないと、ここからは絶対に引けない、っていうね、そういうものは生まれてこない。私は南米のサパティスタ（メキシコで最も貧しいチアパス州を中心に活動するゲリラ組織）にも衝撃を受けたんですよ。彼らは政治権力を取ることが目的ではない。確かに彼らは銃で武装して武力闘争もやったんですけど、あくまで農民の命を守ることが目的で、権力を取ることを目的としないと明言している。……日本の左翼はすごく観念的で……、その運動の在り方がね、サパティスタ的なものはいったいどうなっているのよ、と思う」

中村さんの話を聞いていると、「左翼であることは、民衆のツールになることだ」と拳を握って吠《ほ》えるポデモスのパブロ・イグレシアスの姿を思い出した。

「ある意味、山谷は先進国の中の南北問題だったんです。それが世界は南北問題からグローバル社会に切り替わり、世界中が非正規労働者だらけになりました。かつての運動をやってきた人間からすれば、もう一度、運動の国際連帯みたいなものがあるのかなと。国境を越えた、ね。まあ、すぐさまそういうことを言っても相手にされませんけど。……ああ私はふだん、あうんではこういう話はまったくしないんですよ」

はにかむように含み笑いをしながら中村さんはこう結んだ。

「実は自分たちが足元でやっていることが国境を越えられているのか、みたいなね。そういうことだと思います。まあ悶々《もんもん》としている人は多いでしょうから。わからないですよ、何が来るか」

そう言ってじっと私の目を見た中村さんの背中に、力強い午後の西日があかあかと差していた。

第五章　貧困の時代とバケツの蓋《ふた》

川崎の午後の風景

「昔はこのあたりも山谷や寿町のようなドヤ街だったらしいのですが、いまはそう言われてもちょっとピンとこない感じですよね」

川崎駅近くの簡易宿泊所(ドヤ)が残るあたりを案内してくれた福祉を専攻する学生さん、藤原望さんはそう言った。確かにモダンな高層マンションが立ち並び、整備された綺麗《きれい》な公園もある、ちょっとハイソにさえ見える地域だ。川崎の駅からもすぐだから、東京への通勤にも便利だし、きっと何も知らずにこの辺に引っ越して来て、何も知らずに暮らしている人もいるだろう。

が、その高層マンションの群れから一歩入ると、唐突にその一郭は姿を現す。建物の高さが急に低くなり、昔の旅館風の建物が並んでいて、家屋の窓と窓の間隔が目に見えて狭くなる。それは平日の昼過ぎだったが、その一郭には人っこひとり歩いていない。ただ、開け放たれた窓の向こうに、洗濯物を部屋のなかに干したり、何気なくたたずんでいる人々の姿が見えた。

　どの人もみな、高齢者だ。

「最近は、外国人観光客もこういう宿を利用しにくるし、ちょっと簡易宿泊所もイメージが変わってきていますけど、このあたりは相変わらず静かですよね」

　と藤原さんは言った。「1泊2000円」の札が出ている古びた宿泊所の玄関の引き戸が開け放たれたままになっていて、なかを覗《のぞ》いてみると、これもまた部屋のドアとドアの間が異様に狭く、そのうちの一つから出て来た白髪の痩《や》せた女性と目が合った。見るからにかなり高齢の腰の曲がった女性は、ぎょっと怯《おび》えたような丸い目でじっとわたしを見ている。

　平成の街のなかに存在するエアポケットのような昭和。または、ハイソな街のなかに存在するエアポケットのような貧困。その二つの隣接感

川崎のドヤ（簡易宿泊所）

というか、異質のものがこんなに至近距離で共存している光景は、英国では見られない。英国では、富者と貧者の街はくっきりと分かれているし、両者が同じエリアをほっつき歩いていることもまずない。最近では「ソーシャル・アパルトヘイト」という言葉も使われるようになっているように、ミドルクラスと労働者階級が暮らす場所は明確に分断され、両者が触れ合う機会も、言葉を交わす機会もないということが一種の社会問題にさえなっている。自分とは違う階級の人々がどんな生活を送っているのか想像できない人が増えていることが、英国政治や文化の劣化を生んでいると言われるようになって久しい。

日本の場合は、その「上」と「下」の明確な切り離しがない。混在する形で一緒に生活しているが、一歩裏道に入って周囲を散策したり、付近に立っている建物をよく観察してみなければ、高層マンションに住む人々は隣接する貧困の存在に気づかないだろう。日本では、貧者と富者が襖《ふすま》を閉めて同居している。

「火事になった場所を見てみますか?」

と藤原さんが言った。往来を歩いていたおばちゃんに聞いてみると、その場所は、

「ここかもしれないね」とわたしたちが言い合っていた場所だった。いまでは単なる空き地にすぎない簡易宿泊所の跡地には、茶色くなってポロポロに風化した花束らし

2015年5月17日未明に全焼した簡易宿泊所「吉田屋」「よしの」の跡地を見る藤原さんと著者

きものや、お供え物らしい日本酒のワンカップがまだ地面に残っていた。が、けっこうゴミも投げ込まれていた。

２０１５年５月にここで火災が発生し、２棟が全焼、11人が死亡したという。宿泊者の多くは高齢者で、生活保護を受けながらここで暮らしていたらしい。

「高齢で生活保護を受けていることを理由に、アパートへの入居を断わられた行き場のない方々の住居になっていました。火事が起きたとき、建築基準法に通らない設計になっていたり、燃えやすい材質が使われていたことが大きなスキャンダルになりました。放火という説もありましたが、原因ははっきり特定されていません」

藤原さんがそう説明してくれた。

その跡地も文字どおり高層マンションに囲まれていた。地に這《は》いつくばるようにして建っていた宿泊所が一つぐらい消失したところで、付近のマンションの上階に住んでいる人々が窓から見る風景は以前と少しも変わらないだろう。

付近を歩き回っていると、近代的な大きな建物が目に入って来た。地域の福祉センターの施設だと藤原さんが教えてくれた。「ふれあいプラザかわさき」と書かれてある。老人福祉センターや障害者の作業所、こども文化センターなどが入っているという。貧困の街にモダンな福祉センターが建っているのは、日本も英国も同じだなと思う。階段で3階まで上り、「ここはいったい何をしているんだろうなあ」と川崎市視覚障害者情報文化センターの前できょろきょろしていると、受付の人が話しかけて来た。

「福祉の学生なんですが、建物の内部を見させていただいています」

慣れた調子で藤原さんが言うと、事務所から歩行訓練士の男性職員が出て来て、視覚障害者情報文化センターの業務について話をしてくれた。同センターの主な業務の一つは、視覚障害者への図書の貸し出しということだった。点字図書だけでなく、書籍の朗読CDが大量に保管され、貸し出されているらしい。いったいどんな書籍の朗読CDが人気があるんだろうなと情報センター発行の人気図書ランキングを見ていると、マイナンバー制度について解説した本や『下町ロケット』に混じって、『お色気PTA　―ママたちは肉食系―』や『ももいろ女教師　真夜中の抜き打ちレッスン』などが上位で多数健闘しており、なかなか生の鼓動を感じさせるランキングじゃないか、と思っていると、

「ポルノがけっこう強いんですよね」

と歩行訓練士の方が陽気に笑った。からっとした福祉関係者は信用できる。

歩行訓練士さんに別れを告げ、階段を下りていると外から軍歌のような音楽が聞こえて来た。「ふれあいプラザかわさき」は簡易宿泊所街のど真ん中にあるので、付近に宿泊している高齢者の男性が部屋で軍歌を聞いているのかしら。と思ったが、玄関を出るとその音はいよいよ大きくなり、尋常でないボリュームで耳に飛び込んできた。

「何これ、どこから聞こえて来るの？」

それは軍歌ではなく、勇壮にアレンジされた日本の国歌だった。駅の方角に向かって歩き出すと、正面から黒い街宣車がゆるゆると近づいて来た。車両正面ど真ん中にライジング・サンの絵が描かれている。

「我々は、弱者や貧困者の方々の味方です。この周辺の宿泊所は違法な建築様式で建てられており、危険な資材を用いて、不正なビジネスをおこなっています」

街宣車のなかの男性がマイクでそう喋《しゃべ》っていた。

「あれはどういう意味なんだろ？ 彼らの意図って何？」

と聞くと、藤原さんも首を傾《かし》げる。

「さあ……。このあたりにはフィールドワークで何度も来ているのですが、街宣車が入って来たのは初めてです」

「あなたたちは違法の住宅に住んでいるんだとお爺《じい》ちゃんやお婆《ばあ》ちゃんたちに言いたいのかな？ それとも、ここらへんの宿泊所は違法だから取り潰《つぶ》せと言ってるの？」

街宣車というからには街のなかを何らかの宣伝をおこないながら走る車なのだろうが、何のプロモーションをおこなっているのかわたしには判然としなかった。

「さあ……、どうなんでしょうね……。最近、川崎では外国人の方々が多く住んでいらっしゃる地域に頻繁に街宣車が来ているようですから、もしかしたらその流れでこっちにも回るようになったのかもしれませんね」

と藤原さんは言った。

社会のどんづまりに辿《たど》り着いた高齢者たちがひっそりと暮らす街の午後の静寂を、

「君が代は千代に八千代にさざれ石の巌《いわお》となりて苔《こけ》のむすまで」の耳をつんざくような唱歌が切り裂いていった。宿泊所の鉄の非常階段の踊り場に手をブルブルさせながら洗濯物を干していた高齢の男性が、なんとも言えない暗い目をして路地を通り過ぎる街宣車を見降ろしていた。それは街宣車のなかで「我々は弱者の味方です」と繰り返している青年にはまだ到底知りえない、苔がむすまで人が生きることの苦渋を知っている瞳《ひとみ》だった。

鵺《ぬえ》の鳴く夜のアウトリーチ

藤原さんは横浜のドヤ街寿町にも連れて行ってくれた。駅で寿支援者交流会事務局長の高沢幸男さんと合流し、寿町を案内していただいてから寿生活館でお話をうかがい、路上生活者支援の夜回りに参加させてもらう。「オリジン」という愛称を持つ高沢さんは、路上生活者へのアウトリーチという点ではパイオニア的なリスペクトを集める人のようだった。

わたしが夜回りに参加させていただいた日にも、東京の「自立生活サポートセンタ

寿町のドヤ。古いドヤは建てかえられ、外観はワンルームマンションと区別がつかない

ー・もやい」から高沢さんに学びたいというボランティアの男性が来ていた。高沢さんの何がそんなにすごいのかというと、「彼は1時間でも路上生活者と話をしている人なんですよ」と、もやいから来た男性が言っていた。実際、駅の周辺でアウトリーチが始まると、高沢さんは野宿している人々をよく知っていた。昨日や今日の仲ではない。生活保護を取ってドヤに入ったのにまた路上に出て来た人や、すぐにいなくなってはまた最終的に同じ場所に戻って来て寝ているという高齢の女性など、高沢さんはほとんどの人々の人生ヒストリーを知っていた。だから、彼らに話しかけるときも久しぶりに会った知人と雑談するかのごとくに自然に会話が始まる。

高沢さんがしゃがんでホームレスの方々と会話を始めると、ボランティアの人々もその周囲にザザッと腰を下ろして高沢さんと路上生活者のコミュニケーションに一心に耳を澄ましていた。まるで師匠とその弟子たちみたいだ。けれども師匠高沢さんは路上生活者に話しかけていないときは大きなマスクで顔を覆《おお》い、歩きながらゴホゴホ苦しげに咳《せ》き込んでおられた。眼鏡の奥の目を辛《つら》そうにしばたたかせている高沢さんを見ていると、彼の後継者は順調に育っているのだろうかとふと思った。

それにしても、日本のホームレスの方々を見てわたしが驚いたのはその年齢層の高さだった。英国にも老いた路上生活者がいないとは言わない。が、こんなに大勢はいないし、主流ではない。英国はもっと若い男性がマジョリティで、ジンやウォッカの瓶やビールの缶を寝袋の周りに並べた人とか、見るからに目つきがドラッギーな人とか、依存症系の方がやはり多い。

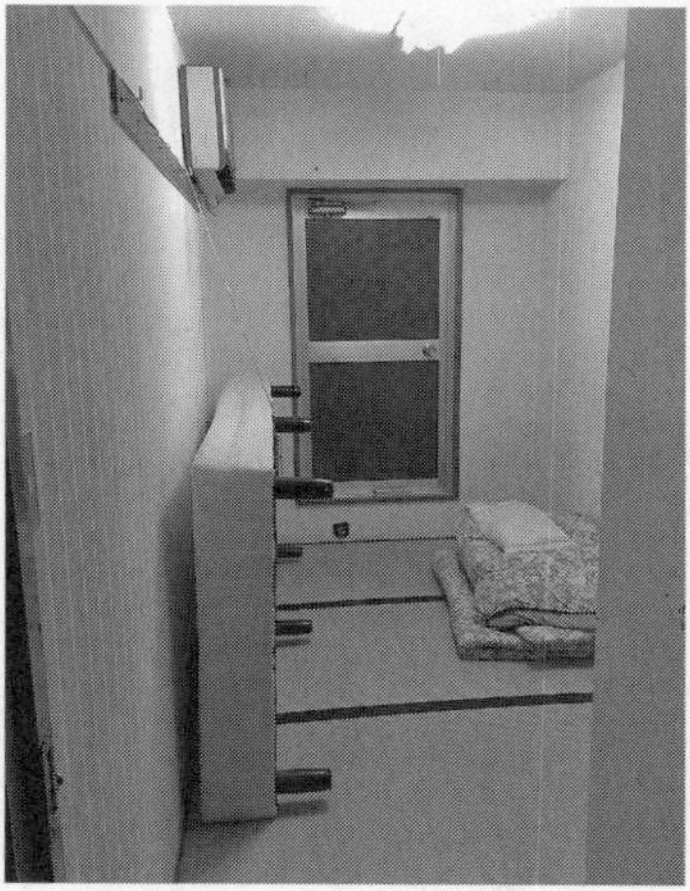

ドヤの部屋

しかし横浜で見たホームレスの人々は、別に酒臭い息を吐いてふらふらしているわけでも、充血した目でへらへら笑っているわけでもない。まじめにひっそりと真冬の夜の路上で寝ている高齢のお爺ちゃんたちだった。日本の路上生活者には昼間は何らかの仕事をしている人がけっこういるということも聞いた。彼らは働いても布団《ふとん》では眠れないのだという。

ジャック・ロンドンの『どん底の人びと　ロンドン1902』に、20世紀初頭のロンドンのアンダークラスの暮らしぶりが描かれているが、当時のホームレスは、日が暮れてから路上や公園で寝ていると「治安が乱れる」として警察に叩《たた》き起こされたために、ねぐらのない者は一晩中歩いていなければならず（冷静に考えるとそっちのほうが治安が乱れそうだが）、何十キロも市内をぐるぐる歩き回った後、疲労困憊《こんぱい》して昼間は死んだように眠るのが常だったという。同書には、バッキンガム宮殿のおひざ元であるグリーン・パークのあちらこちらで芝の上に打ち倒れて眠っている大勢の人々の写真も掲載されている。そんな彼らの姿を見て人々は「昼間っから寝ている怠け者」と思うが、彼らは夜は休む暇もなく歩き続けているのだから昼間しか眠れないのだとジャック・ロンドンは書いていた。それと似たような不条理さが、夜間は路上で眠って朝になると仕事に出かける人々の話にもある。働かない怠け者だから路上に寝ているのではなく、働いても帰る家がないから路上に寝ている人もいるのだ。

「これだけ凄《すさ》まじい貧困が広がっているのに、英国は好景気なのだ」と米国人のジャック・ロンドンが驚いたのは1902年の英国の話である。そしてわたしが立っているのは2016年の横浜の街だった。英国では現代の格差社会の風景はヴィクトリア朝時代とよく似ていると語られることがあるが、それは日本にもそのままスライドできる。

数日後、わたしは東京で、もやいの稲葉剛《つよし》さんの呼びかけでおこなわれている定例の夜回りに参加した。アウトリーチに出る前に事務所に集合して簡単なその日のルートについての説明があると聞いていたので、少し早めに部屋を出たにもかかわらず、飯田橋と水道橋を勘違いして遅刻してしまい、もやいの事務所の扉を開けると、もう参加者がずらりと並んで座っていて、説明が始まっていた。

「どうもすみません」と俯《うつむ》きがちに空いていた椅子《いす》に腰かけると隣に座っておられるのが稲葉剛さんだった。「どうも初めまして」と挨拶《あいさつ》していると、英国からメールで連絡し合っていたもやいのスタッフの加藤歩《あゆみ》さんが「どうも、私が加藤です」とおっしゃるので「すみません、いきなり遅刻して」とか言っている間にも、すでに立ち上がってアウトリーチに向かう時間だった。寿町の夜回りで一緒になったボランティアさんの姿も見えた。なるほど。横浜で学んだことをさっそく東京でのアウトリーチ活動に活《い》かそうというのだろう。

月に2回おこなわれているこの夜回りは、都内の様々な野宿者支援団体がふだん回っていない地域でアウトリーチ活動をおこなうというもので、ほかの団体が回らない支援の隙間《すきま》を埋めるということから「路上スキ間部」と呼ばれているそうだ。

「今日のルートはけっこう歩くことになると思うけど」

と言いながら、帽子を被《かぶ》った稲葉さんはひょこひょこ一行の先を歩いていった。少し離れてその後からボランティアの人々がきゃらきゃら話をしながら歩いていて、寿町の「師匠とその弟子たち」みたいなストイックなアウトリーチ隊とはずいぶん違うカジュアルな雰囲気だ。

「ひゃー、あれがヒルズですか？」「六本木ってこんなすごいことになってたんですか」と大騒ぎしていると自分が路上生活者支援の夜回りに参加していることを忘れてしまいそうだったが、それでもいったんきらびやかな一郭を離れて麻布十番の裏道に入ると、川辺のあたりにひっそりと横になっている人々がいた。

ライトアップされた東京タワーがとても綺麗に見える場所があって、携帯を出して写真を撮っているボランティアさんがいた。それを見てわたしも携帯を構えていると、

「寝ている方々が写らないように気をつけてくださいね」

と別のボランティアの女性にたしなめられた。

そう言われてみると、確かに自分が立っている場所で携帯を構えると、上方にはライトアップされた美しい東京タワーが、そして下方には横になっているホームレスの方々が写り込んでしまうのだった。ジャック・ロンドンは1902年のロンドンで見た貧富の差について、貧しいイーストエンドと富めるウエストエンドはまったく隔離され、その二つはまるで別々の国のようであり、交わることがないと書いていたが、2016年の東京では繁栄と貧困が一つの携帯カメラのフレームのなかに一緒に収まってしまう。

稲葉さんのアウトリーチは寿町の高沢さんのように「1時間でも路上生活者と話をしている」という感じではなく、さらっとしていた。「お加減はいかがですか？　何か困ったことはないですか？」と尋ねながら、食料や使い捨てカイロや『路上脱出ガイド』の小冊子を渡して歩く。二人の路上生活者とのコミュニケーションを音楽に喩《たと》えるなら、高沢さんはソウルで稲葉さんはネオアコだ。だが、野宿者の脇《わき》に座って語りかけるどちらの横顔も、さすがに年季が入っている。高沢さんが寿支援者交流会を設立したのは1993年で、新宿駅西口地下で200人近いホームレスが暮らした「新宿ダンボール村」に稲葉さんが足を踏み入れたのが1994年だという。山谷では、中村光男さんら肩で風を切って歩いていた現場作業着姿の闘士たちが、ドヤから続々と路上に出て来る仲間たちを見て「命を救わなきゃ」と思った時期である。

バブル崩壊は、グラスルーツの活動家たちの出発点や転機になった。そして、その次に来た大きな波は2008年のリーマンショックであり、寿町の高沢さんはリーマンショックのときには生活困窮者たちが寿生活館の前に前代未聞《みもん》の長蛇の列をつくっていたと話していた。が、近い将来、間違いなくああいうことがまた起こるだろうと高沢さんは予言した。

「2020年の東京オリンピックの後に、まったく同じような状況になると思います」

人権はもっと野太い

もやいは面談と電話による生活相談をおこなっており、ボランティアの人々が一線に立って生活困窮者からの相談を受けている。

わたしが英国で手伝っている託児所は、無職者と低所得者を支援する慈善センターのなかにあり、そこにも生活相談をおこなっている部署がある。その部署は「リーガルアドバイスサービス」と呼ばれていて、生活困窮者に彼らが利用できる法的フレームワークや行政の制度についてアドバイスする部署なのだが、実際には生活保護申請についての相談や、生活保護受給者が福祉事務所と揉《も》めたりして相談に来る件数が圧倒的多数だ。わたしはその部署で働いたことはないが、定期的にそこでボランティアをしている人々や、相談を受けに来る人々の子供を館内の託児所で預かっているので、だいたいどんなことをしているのかは想像がついた。それで英国からもやいの加藤さんとメールでやり取りを続け、このボランティアに参加させていただくことになったのだった。

　ボランティア志望者が受けるセミナーに出席するためにもやいの事務所に行ったとき、扉を開けた瞬間に見たような顔が目に入った。エキタスの大学生、栗原耕平君だ。「よっ」とか言ってわたしは彼の隣の空いていた椅子に腰を下ろした。後ろのほうには同じくエキタスの佐川敏章さんも座っていた。クラウドがグラスルーツのセミナーに来ている。

　セミナーを進めるのは加藤さんだった。ショートカットの小柄な加藤さんが、通る声で挨拶をして説明を始める。それは絶対的貧困や相対的貧困（日本の相対的貧困率が

OECD加盟国で6位というのは驚いた。ポデモスのスペインでさえその下の7位だ）に関する解説や、日本の貧困率の推移（現在、日本人の約6人に1人が貧困）、日本の貧困の歴史的経緯や社会保障制度、もやいの活動についてなど、単なるボランティア業務の説明に終わらない包括的な内容になっていた。で、ひと通り話を終えた加藤さんが、

「以上でセミナーの内容は終わりですが、何か質問はありませんか？」

と参加者に尋ねたときである。わたしの斜め後ろに座っていた大学生ぐらいの若いお嬢さんが、すっと手を上げた。

「はい、どうぞ」

と加藤さんが促すと若いお嬢さんが言った。

「『人権』のところがよくわかりませんでした。人権というのが何なのか理解しにくいのですが、それについて解説された良い本があったら教えてください」

わたしはつい彼女のほうを見た。

何かものすごく突き詰めて哲学的に人権について思いあぐねていて、深遠なる答えを探し求めているのかと思ったからだ。が、それは単に知らないことを知りたい、という感じの普通に爽《さわ》やかで向学心溢《あふ》れる顔つきだった。

セミナーの後で話したときに、加藤さんは「よく出る質問です。人権って、抽象的

でわかりづらいですからね」と言っていた。が、英国に20年間住んでいるわたしにとって、「人権って何ですか？」という質問を口にする人がいたことはある種の衝撃として心に残った。思えば、労働問題から名誉毀損《きそん》問題、ジェンダー問題、「ヘルス&セイフティ」即《すなわ》ち安全衛生上の問題に至るまで、英国社会にはあらゆることを法的に、または法的ではない方法で訴える人が多くて、しょっちゅう揉め事が起きているのだが、それらの根底にあるのが人権の意識である。各人が自分の権利を確信するからこそ、「ちょっと私の人権が踏みにじられてる気がするんだけど」と文句を言い合う社会なのである。

うちの10歳の息子でさえ、ピザが食べたいと言っているときにパスタを出したら「僕の選択の自由はどこにいったんだ。ヒューマン・ライツ（人権）を無視された」とジョークを飛ばす。ヨーロッパでは、人権は本を読んで理解するような特別なものではなく、普通に生活のなかにある。

そういえば、うちの息子が「ヒューマン・ライツ」ジョークを連発するようになったのは、学校でヴィクトリア朝時代を学んでからのことだ。英国の公立小学校では高学年になるとヴィクトリア朝時代の英国の社会格差について学ぶ。現保守党政権がカリキュラムから外したにもかかわらず、教育現場では「ヴィクトリア朝時代の人々」

は何十年も前から教えられてきた重要サブジェクトだと信じる先生たちが多く、多くの小学校で4年生または5年生の学期ごとの学習テーマの一つに選ばれている。子供たちは、下層社会を描いたディケンズの小説『オリヴァー・ツイスト』について教わり、ヴィクトリア時代の貧困層の子供（男子は煙突掃除の少年、女子はメイド）の格好をして同時代の子供の生活を疑似体験し、その体験について話し合ったり、作文にまとめたりする。英国のネットオークションのサイトに行くと、ヴィクトリア朝時代の煙突掃除少年や少女メイドの子供用コスチュームが豊富に出回っているのはそのせいだ。全国の小学生の親たちがこの授業のために買い、使ったらまた売りに出しているのだ。うちの息子も当該授業で、貧困は人間からヒューマン・ライツを奪うものであり、現代の子供たちが煙突掃除やメイド仕事などの労働をせずに学校に行けるのも、不衛生なスラムの部屋で暮らさずにすむのも、現代社会が子供の人権を守っているからだということを教わって帰って来た。

いわば歴史と人権教育を混然一体化したような授業内容だが、日本の小学校の人権教育はどうなっているのだろうとネットで検索してみると、法務省の「人権教育・啓発に関する基本計画」という書類を見つけた。「第4章　人権教育・啓発の推進方策」に人権教育の各課題があげられているのだが、それは「女性」「子ども」「高齢者」

「障害者」「同和問題」「アイヌの人々」「外国人」「HIV感染者・ハンセン病患者等」「刑を終えて出所した人」「犯罪被害者等」「インターネットによる人権侵害」「北朝鮮当局による拉致《らち》問題等」「その他」となっていた。

わたしは大きな項目が含まれていないことに気づいた。「貧困」である。「貧困問題」が人権課題に入っていないのだ。英国の小学生たちはヴィクトリア朝時代やディケンズに関する授業で、「貧困はヒューマニティに対する罪だ」ということを話し合う。日本で「貧困と人権」という話になると、路上生活者へのいじめはやめましょうとか、そうした「差別」の方面から語られることは多い。が、そもそも、著しい貧困は人の尊厳を損なうものであり、そのことを社会が放置することの人権的な問題は教えられていないのだろうか。差別だけが人権課題ではない。貧困をつくりだす政治や経済システムもまた人権課題なのである。

日本の社会運動が「原発」「反戦」「差別」のイシューに向かいがちで経済問題をスルーするのと同じように、人権教育からも貧困問題が抜け落ちているのではないだろうか。まるでヒューマン・ライツという崇高な概念と汚らしい金の話を混ぜるなと言わんばかりである。が、人権は神棚に置いて拝むものではない。もっと野太いものだ。

英国で人権の概念が野太く立ち上がっている理由は、やはり産業革命で労働者を

「労働力＝モノ」扱いにして、非人道的な貧困のディストピアをつくりだした経験に対するリアルな反省に基づいているからだ。あれは本当に人間の尊厳に対する冒瀆《ぼうとく》だったと。二度と自分たちはあそこに戻ってはいけないのだと。

ここ数年、「まるでヴィクトリア朝時代のような」という形容詞で英国の知識人やジャーナリストが現代社会を表現するのも、彼らには、当時の貧困層の子供の服装をして授業を受けた幼いころの記憶があるからなのかもしれない。英国人にとって「貧困の時代」は、「貧しくとも民衆が粛々と生きた健気《けなげ》な時代」ではなく、「民衆の人権が踏みにじられていた間違った時代」なのである。

あまりにも力なく折れていく

稲葉剛さんが代表理事を務めているつくろい東京ファンドの「つくろいハウス」は、中野区内のビルのワンフロアを使ったホームレスの方々の個室シェルターだ。

東京都には生活困窮者対象の施設が数多く存在しているが、個室を提供する施設がほとんどない。しかも、行政による住宅支援策を利用するには、平日に役所で手続きをする必要があるので、非正規労働者や『ビッグイシュー』販売者のような休んだ分だけ収入が減る人々には利用しづらく、知的障害やメンタルヘルスの問題を抱える人にとっては集団生活は困難だ。また、役所が休みの日に緊急に入居できるシェルターも存在しない。

そんなおり、中野のビルのワンフロアを生活困窮者のために使ってほしいというビル所有者からの申し出があり、稲葉さんたちはそこをシェルターにしてネットカフェで生活する若者や、収入が途絶えて野宿生活している人々の緊急的な住居として貸し出すことにしたのだそうだ。フロアには8部屋あり、そのうち1部屋は管理人室で常駐の管理人が住んでいる。

稲葉さんたちは住居を提供するだけでなく、利用者たちの自立に向けた人的なサポートもおこなっている。週に一度、ボランティアの人々が集まって入居者たちの状況を把握するために個別面談をおこなっているのだ。わたしが（またもや）遅刻して中野のビルの3階にあるつくろいハウスに着いたとき、すでにボランティアの人々や稲葉さんはキッチンのテーブルに着いてミーティングを始めていた。

七つの部屋に居住しているそれぞれの人物がどういう経緯でシェルターに来たのか、それぞれが抱えている問題や近況などが話し合われていた。そのときに取った走り書

きのメモをいま見返してみると、

「30代、マイナンバー制度を誤解して逃亡」
「50代、『ビッグイシュー』販売、家賃滞納」
「40代、自助団体を渡り歩く、仕事はできる、アダルトチルドレン」
「20代、統合失調症、部屋からあまり出ない」
「30代、まじめすぎる、ストレスをためやすい」

といったことが書かれている（※個人情報は変更している）。
すでにシェルターから出て生活保護を受けながらアパートを借りている人々の生活相談も受けているそうで、わたしが最初に面談に同席したのもそうした人の一人だった。その30代の男性は年齢よりもずっと老《ふ》けて見えたが、わりと陽気にジョークも飛ばせる人だった。長年勤めていた職場から逃げて貧窮し、ホームレスになって都内の炊《た》き出《だ》しで医療相談を受けようと思ったら、たまたまそのときにこのシェルターの関係者が相談を担当していて入居に繋《つな》がったという。その後、ここで支援を受けて生活保護申請もおこない、現在はアパートに移っているが、壁に穴が空いていて隣人の物音が気になり、夜眠れないので引っ越したいと相談に来たようだった。

彼は野宿生活自体はとても短かった人のようで、

「あのとき、炊き出しに行って本当にラッキーだったよ」

と何度も言っていた。

父親と暮らしている妹が入院してしまい、たまに実家に帰って父親の介護をしなければいけないので、求職活動が困難だと言っていた。この男性は、父や妹とは性格的に合わないそうで、同居ということは考えられないという。

高校を卒業してからずっと働いた職場では部下を持つ中間管理職になっていたそうだが、仕事である失敗を犯して会社に損失をもたらし、それが原因で鬱《うつ》になって働けなくなったということだった。

「慣れた仕事で、間違っちゃったもんだからね」

と言って、彼はへへへ、と笑った。少しずつ浮上しているのだという明るさを演出しているが、この人は一人になるとまったく別人になるんだろうという感じがまだ濃厚にあった。

面談が終わって男性を見送ると、稲葉さんが現在個室に入っている人の面談に行くというので、わたしも一緒について行くことになった。

襖が開くと畳の上に座っていた男性が立ち上がった。髪型をがっちり決めた初老の男性。と思っていたら実は30代だと後で知った。

「今日は、取材の方が一緒ですよ」と稲葉さんが説明する。

「変なのがついて来ちゃってすみません。初めまして」

と挨拶すると、男性も笑って「ああどうも」と微笑する。が、目は全然笑っていない。

「どうですか？　何か困ったことはありませんか？」

稲葉さんが畳に座って穏やかに面談を始める。

「問題ありません」

「大丈夫です」

という短くてポジティヴな答えを男性は返し続けるが、終始腰が落ち着かないというか、どこかおどおどした雰囲気があった。

「また逃げたりしないでね」

おっとり微笑《ほほえ》みながら稲葉さんが言った。

ああこの人か。と思い当たった。管理人室でミーティングをしていたときに、「すぐ逃げてしまう人」と形容されていたのは彼だったのだ。聞いた話では、借金取りに執拗《しつよう》に追いかけられたり、いろいろ面倒くさいことに巻き込まれて生きて来た人のようで、そのためにあんなにビクビクした印象になってしまったのかもしれないが、高さ15センチはあろうかという見事にセットした髪型にはそこだけは譲れないものが感じられた。

彼の部屋を出て管理人室に戻りながら、

「あの方のことだったんですね」

と言うと、稲葉さんが、

「うん。彼はすぐいなくなっちゃうんですよ」

とのんびりした口調で言った。

壮絶な貧困問題と毎日向かい合っているにしては、稲葉さんはやけに鷹揚《おうよう》に構えているのだった。管理人の部屋に着くとすぐに、稲葉さんはノロ・ウイルス感染の疑いがある住人が部屋で嘔吐《おうと》したという報告を受けた。

「ちょっとじゃあ行ってきます。部屋の始末をしてから、病院に連れて行ってきますね」

と稲葉さんは言った。

「布団の上にも吐いちゃってるみたいなので、ちょっと大変かもしれません」

というスタッフの言葉に、稲葉さんは、

「はいはい」

と表情一つ変えず、ガサガサとゴム手袋をはめてまた廊下に出て行った。

翌日はもやいで定例の生活相談に同席させてもらった。こちらはもやいのこもれび荘というスペースで毎週火曜日におこなわれている相談会で、一般の人々が生活保護申請などの相談にやって来る。そこで話がまとまれば、その日のうちにあるいは翌日の水曜日に、もやいのスタッフやボランティアが役所に同行し、生活保護の申請をおこなうことも可能だった。

わたしはベテランのボランティアの女性とペアになり、面談に同席させてもらうことになった。相談者の一人目は40代だがこれまたわたしと同年代ぐらいに見える男性。面談に入る前に、加藤さんが生活相談の予約をするために彼が送付してきたメールのことを話してくれた。

「メールの文章がちょっと、メンタル面での問題を感じさせます。唐突な場所に『!』（エクスクラメーション・マーク）がついていたりして……」

その大柄の男性は、表情に乏しく、声も一本調子だった。完全にブラック企業だろうと思うような住み込みの職場での受難を、ぽつり、ぽつりと喋る。いろんなものを引かれて手元にはほとんど賃金が残らず、仕事の要領が悪いと上司にどやされ、いじめられて、そのことを考えると夜も眠れなくなって病気になり、休むとまた叱《しか》られるし賃金も貰えない。最近ではお金がなくて食事も1食しか食べられない、というようなことを彼は話すのだが、その間、一度もわたしたちの顔を見なかった。ひどい話をしているのにまるで誰か別の人の話をしているかのようにふわふわしている。

住み込みの仕事を辞めて、寮から出て生活保護を申請したいのだろうが、自分からはっきりそうとは言わない。「こういう制度がありますよ」「生活保護申請には私どもが役所に同行することも可能ですよ」と、ボランティアさんが利用可能な制度やサービスを案内し、彼が選べる選択肢を提示するが、彼は「はあ」と言いながら聞いているだけで、何かに関心を示して突っ込んで聞くわけでもなければ、「それはできません」と突っぱねるわけでもない。

彼は、自分の代わりに誰かが決めてくれるのを待っているのだと思った。「こうしなさい」と誰かが彼に代わって選択肢の一つを選び、有無を言わさず未来への軌道をつくってそこに彼を乗せるのを待っているのだ。

だが、もやいの方針は、あくまでも、人生の航路を決めるのはその人自身だということだった。「自分で選択する」ということは、人間の尊厳の基本でもあり、それを侵すことはいかなる他者にもできない。

「こうすることもできますよ」「こういう制度も使えます」という複数の可能性を持たされて、ぼんやりと彼は帰っていった。「生活保護申請をすると決めたら、寮の荷物をまとめて電話をください。一緒に役所に行きましょう」とボランティアの女性は最後に言った。彼は「はい」と言ったが、同意しているのかしていないのか不明のフラットな返事だった。

次に面談に同席したのは、綺麗に化粧をしたモデルみたいなトランスジェンダーの相談者だった。これまで元恋人の部屋に居候《いそうろう》しながら仕事を探していたが、元恋人が部屋を引き払うことになったので、生活保護を受けて独立したいということだった。外的な力で方向性が決められたとはいえ、彼女の場合は今後の道筋は決まっている。が、問題は、行政が提供している住居は性的マイノリティに配慮したものではないということだった。東京都では、住所不定で生活保護を申請すると一時的な宿泊施設を紹介されることがほとんどで、そうした施設に個室があることは稀《まれ》だという。そうなると戸籍上は男性である彼女は、男性と共に部屋をシェアすることになるが、それには当然ながら抵抗があるようだった。加藤さんに相談に行くと、彼女は携帯で個室対応の施設を探し始めた。

「どうしたの？」

と、もやい理事長の大西連《れん》さんもやって来て、「あそこならいけるかも」と心当たりに携帯で連絡を始める。20代の若さで理事長を務める大西さんは、いかにも現場から入った市民活動家といった感じで、行動が迅速かつ常に軽快だった。

結局、その日のうちには入居可能な個室がある施設が見つからず、相談者はまだ数週間は元恋人の家にいられるようなので、後日再び相談に来ることになった。が、やはりわたしがここで気づいたのも、相談者の浮遊するような感じだった。彼女も、「はい」「はい」を繰り返すだけで、制度を利用するというより、制度に自分の未来を決めてもらうという感じだった。

わたしが英国で手伝っている慈善センターでは、生活保護相談担当のボランティアたちはいつも相談者の獰猛《どうもう》さを嘆いている。明日をも知れない層の人々は求めるものを摑《つか》もうと必死になるので、制度が自分が思い描いていたように機能しないとわかると、制度そのものに納得せず、その怒りをぶちまけたり、政府や行政を罵《ののし》り始めたりするらしい。特に緊縮財政で生活保護の締めつけが始まってからは、本気で切羽詰まった状況の人々が相談に来ることが多いので、相談をおこなっている部署を通りかかると興奮して憤《いきどお》る声が外まで聞こえることがよくある。

それに比べると、日本の生活困窮者はひっそりと静かで、今にも消え入りそうな印象だった。彼らはサバイバルするために全身の毛を逆立てて戦闘している感じではない。日本の彼らはもう、折れてしまっている印象なのだ。だが彼らはなぜこんなにも力なく折れてしまうのだろう。

どん底の手前の人々

貧困問題のグラスルーツのなかでも、もやいの稲葉さんや大西さん、そしてほっとプラス代表理事の藤田孝典さんは、ミクロな日常の取り組みからマクロの政治を明確に見上げているタイプの活動家だが、彼らと話をすると、共通して未来への展望は暗い。

「年末年始に住所不定になる方々にシェルターを支援する『ふとんで年越しプロジェクト』をやっているんですが、障害者手帳を持っている人が近年増えている。そういう人々が路上に出て来る理由は、実家が彼らを養えなくなって、追い出されたとか、両親が亡《な》くなって兄弟が援助する形になったけどそこでうまく行かなくなって出てしまったとか、そういうことなんです。身体的障害を持った方はもちろん出て来れないので、精神・知的障害で手帳も持っていて、サービスも受けていた人が、家族の扶養の力がかなり限定的になって、結果的に生計を維持できなくなって、路上に出て来ている」

大西さんはそう言った。

「今後、これは増えていくと思っています。家族が見ていた社会保障の部分、つまりインフォーマルな社会保障の部分が、家族という機能が弱まるなかで持続不可能になっていて、じゃあ、誰がやるの？　という問題が出て来ている」

こうした現象はまず社会のもっとも脆弱《ぜいじゃく》な層の人々から出て来ているが、日本全体の行く末でもあろう。現在、多くの人々が自立するだけの収入がなくても生存できているのは、両親の援助があったり、両親と同居しているからだ。２０１４年に、『ビッグイシュー』が、ネットで20代、30代の年収２００万円未満の若者約１８００人を対象にアンケートを取ったところ、６・６％がホームレス体験をしたことがあると答え、親と別居して独立している若者は全体の20％程度に過ぎず、そのなかでホームレス体験のある人は13・５％だったそうだ。

「そもそも、いまの若者は親の住宅が持ち家じゃない世代ですからね。20年後、30年後はどうなるの？　と思うと怖いです」

と大西さんは言う。ミクロで貧困支援にあたっている人にとってはリアルな実感だろう。

もやいは路上生活者の支援から始まったが、近年は野宿者は減って、家族のもとを追い出された若い人たちからの相談が多いという。もやいに相談に来る人々の統計を取ると、約3割が精神的な問題を訴えていて、若年層になるとその割合が高くなるそうだ。非正規の仕事やブラック企業的な組織での経験で病んでいるケースが多く、メンタル的に傷ついている人々がもやいに流れて来ているという。

「路上一歩手前の人々が見えにくいですよね。路上の人々はある意味見えやすい。手前にいる人々はかなりいるはずなのに、全体像が見えてこない。ここに来てらっしゃる方々はほんの一握りです。ネットカフェとかに暮らしながら派遣の仕事でギリギリ食べていたとしても、仕事をやれてる間は彼らは相談には来ない。病気になって働けなくなって、ネットカフェも出なくてはいけないとなって、ようやくいらっしゃるんです」

と稲葉さんが言うと、

「実は仕事がたくさんあるから、というのもありますよね。派遣でも非正規でもいいというなら仕事はある。有効求人倍率は上がっていますから。だから生きてはいけ

「どん底の人々」はまだ少ないが、「どん底の手前の人々」はゴロゴロいて、それがどのくらいいるのかよくわからないという状態で放置されている。このまま行くとえらいことになるぞというリアリティーを直視するのが嫌なのは個人だけではない。国家も同じだ。

国もあてにならない、家族の絆《きずな》も壊れた、となると、残るのは相互扶助だ。動物界では、ダーウィンが唱えた「生存競争」よりも本能的な「相互扶助」が種の生き残りと進化に寄与していると言ったのはクロポトキンだが、不特定多数の「どん底の手前の人々」を抱えて少子高齢化という、傍から見ればまさに国家の生き残りをかけたピンチのように見える日本にとって、クロポトキンは今後のキーワードになるはずだ。

しかし、大西さんはこう言った。

「正社員になって、自分の家を持ってという、昭和モデルはもうないよね、という共通意識が若年層の間で広がるなかで『いかに生きるか』みたいなのも流行《はや》っているんです。シェアリング・エコノミー（共有型経済、シェアハウスやクラウドファンディングなど）的なものもそうです。でも、そこでもまた、それを活かせる人と活かせない人のコミュニケーション能力の差みたいなものが、より強く出て来ているような気がし

ピョートル・クロポトキン（1842–1921）ロシアのアナキスト。『相互扶助論』で生物や社会が競争ではなく互いに助け合うことで進歩すると唱えた

ます」

相互扶助にも能力格差があって、そんなにバラ色ではないというのだ。

もやいを訪れていた人々のなかで、わたしがもっとも活力を感じたのは、目が覚めるような黄色いとっくりセーターを着たお爺ちゃんだった。こもれび荘でお茶を飲んでいた彼に、

「いい色のセーターを着ていらっしゃいますね」

と言うと、お爺ちゃんは嬉《うれ》しそうに笑って、

「おお、いいだろ。ぱーっと元気になる色だろ」

と、高齢にしてはテンポの良い切り返しを見せた。稲葉さんが、彼とは新宿ダンボール村からの付き合いだと言っていた。稲葉さんは著書『鵺《ぬえ》の鳴く夜を正しく恐れる

ために『野宿の人びとともに歩んだ20年』で、路上生活者たちの様子をこう書いている。

そんな社会のなか、路上に生きる人びとは人と人とのつながりだけで生き抜く術《すべ》を身につけたのかもしれない。一人が仕事に行けば、仲間のぶんの食事や酒まで面倒を見る。一人がコンビニやファストフードに「エサとり」に行けば、高齢で動けない仲間のぶんまで取ってくる。そんな仲間同士のつながりは、野宿者の暮らすところならどこでも見ることができる。

これぞクロポトキンのスピリットである。野宿者たちは他者と繋がる力を持っていたので、公的社会福祉などあてにせず「仲間たち」でサバイバルできた。ある意味、そこには「政治はいらない。自分たちで生き延びる」というアナキズムがあったのだ。山谷のあうんはその典型だろう。

寿町の高沢さんは「野宿者は、実は生存するための様々のスキル（このなかには他者と繋がるスキルも入るだろう）を持っている。現代の若者たちはそれがない」と言っていた。そしてそんな形而下《けいじか》の資産も形而上《けいじじょう》の資産もない「どん底の手前の人々」が日本中に散らばっているというのだ。ネットカフェで生活している人々にはまだ切迫感があるだろう。が、実はその「手前の人々」の多くは両親の家で生活している。彼らが一斉にどん底に落ちて来たら、この層は山谷式アナキズムで逞《たくま》しく生き延びられるのだろうか。

実際、日本に行くまでわたしは、英国やスペインの若者や失業者たちが「新自由主義と緊縮財政の犠牲になっているのは自分たちなのだ」と立ち上がる姿を見ていたので、どうして日本でも同じことが起きないのか、と思っていたのである。しかし、もやいで困窮者の若い人々を見ていると、彼らにそれを望むのは酷な気がしてきた。日本の貧困者があんな風に、もはや一人前の人間ではなくなったかのように力なくぽっきりと折れてしまうのは、日本人の尊厳が、つまるところ「アフォードできること（支払い能力があること）」だからではないか。それは結局、欧州のように、「人間はみな生まれながらにして等しく厳かなものを持っており、それを冒されない権利を持っている」というヒューマニティの形を取ることはなかったのだ。「どんな人間も尊厳を（神から）与えられている」というキリスト教的レトリックは日本人にはわかりづらい。

けれどもどんな人間にも狂わずに生きるにはギリギリのところでの自尊心がいる。

自分もほかの人々と同じ人間なのだ。なぜならその最低限のスタンダードを満たしているから、と信じられなければ人は壊れる。

欧州の場合、そのスタンダードは低い。なにしろ、人間という存在であるだけでいいからだ。富者も貧者も、善人も悪人も、働き者も怠け者も、すべての者が神の似姿であり、それゆえ等しく崇高だという概念が建前上はある。

しかし日本にはその考え方は根付かなかった。

「日本では権利と義務はセットとして考えられていて、国民は義務を果たしてこそ権利を得るのだということになっています」

と大西さんは言った。つまり、国民は義務を果たすことで権利を買うのであり、アフォード（税金を支払う能力がある）できなければ、権利は要求してはならず、そんなことをする人間は恥知らずだと判断される（このような社会では、国家は様々な権利を国民に販売する小売店ぐらいの役割しか果たさない）。例えば英国では「権利」といえば普通は国民の側にあるものを指し、「義務」は国家が持つものだが、日本ではその両方を持つのは国民で、国家と国民の役割分担がなされていない。

これは日本という国の姿にも重なる。敗戦し、占領されて、新たな憲法を持たされた日本が、最近までわりとそのことを忘れてハッピー・ラッキーに歩んでこられたのは、様々のものを「アフォードできた（買うことができた）」から自分たちの気持ちのなかでは国としての尊厳は保たれていたのだ。例えば、2015年にギリシャ債務危機が報道されていたとき、欧州では緊縮財政の是非やEUが抱える問題点などがさかんに議論されていたにもかかわらず、日本の論調は「借金を返せないほうが悪い」一辺倒だった。これも日本人にとっては「借金を返せるか返せないか」が国の尊厳に関わる重大事だからだろう。頑《かたく》なほど健全財政にこだわるのもきっとそのせいだ。

日本では「アフォードできない（支払い能力がない）人々」には尊厳はない。何よりも禍々《まがまが》しいのは、周囲の人々ではなく、「払えない」本人が誰より強くそう思っていることで、その内と外からのプレッシャーで折れる人々が続出する時代の到来をリアルに予感している人々は、「希望」などというその場限りのドラッグみたいな言葉を使用できるわけがない。

「正直言って、自分の子供は将来海外に出て生活してほしいと思っています」

ある貧困問題のNPOの方がそう言っていたのは本音中の本音だと思った。

もっと楽になるための人権

「僕は幼少期をドイツで過ごし、小学生のときに日本に帰国したのですが、欧州の感覚でいろんなことをやろうとすると日本では『わがまま』な子になってしまい、小学校高学年にして荒れました」

国際人権NGOアムネスティ・インターナショナル日本の元事務局長、寺中誠さんはそう言って笑った。

欧州の教育は日本のそれとは大きく違う。日常生活のなかで、たとえ学校のなかでも自分の人権は主張しろと、そして他人のそれは尊重しろと教え込む。そのことを日本の小学校で普通に実践しようとすれば、はた迷惑な子供になってしまう。

「でも、日本人に人権の意識が根付いていないというのは、国民性の問題ではないと思います。現に、日本で生まれ育った人々でも、しばらく外国に住めば人権意識が根付くわけですから。僕は国民性の問題ではなく、仕組みの問題だと思います」

寺中さんはそう言った。日本人がうまく人権の概念を咀嚼《そしゃく》できないのは、教育、労働、経済に至るまで、国のシステムのなかにそれがリアルなものとして息づいていないからだという。

「日本には人権政策がほとんどないんです」

と断言した寺中さんは、日本にも国内人権機関が必要だと言った。

国内人権機関とは、政府から独立した人権機関のことであり、1993年に国連総会の決議で承認された「国内機構の地位に関する原則（パリ原則）」で規定されている。公権力や社会における偏見や差別の問題は非常に複雑で多様であり、立法・行政・司法という三権分立のシンプルな国家機構では十分に対処できないことが世界の国々で明らかになるにつれ、国連は加盟国に国内人権機関の設立を奨励してきた。現在世界中に120を超えるこうした組織があるそうだが、日本にはまだないという。

「人権政策をおこなうには、本来は人権制度が必要で、その制度の根幹には国内人権機関があります」

寺中さんは、アムネスティ日本事務局長の職を経て、現在は東京経済大学で教えながら、国内人権機関を日本につくるための活動に関わっておられる。国際人権論、刑事政策論、国際刑事法を専門とする寺中さんは、「人権は法だ」とも言った。

「『人を殺した者は処罰しますよ』という、これは法律です。しかし、法律には、『人を殺すな』とは書かれていない。それは法なんです。守るべきは法であって、法律ではありません。書かれた法律だけに縛られているから、がんじがらめになって形式主義になる」

生活保護受給者に「フルスペックの人権」を認めてはならず、権利を制限するべきだという主張もこの形式主義の変種なのかもしれない。

「生活保護の話になると、そういうことを言い出す人が多いですが、『フルスペックの人権』なんて言う人を見ていると、あなたたちはどこまで時代を遡《さかのぼ》るつもりですかと聞きたくなる。日本だって戦前には普通選挙が導入されて納税額とは関係なく、25歳以上のすべての男性に選挙権が与えられることになったんですから。人権は納税額で制限されないものです。フランスだって、フランス革命直後は普通選挙を認めなかったんです。納税者だけに選挙権が与えられました。納税している一級市民にのみ権利が与えられ、納税していない圧倒的多数の民衆には権利はなかったわけです。非植民地出身の、つまり白人の、納税する能力を持った成人男性が権利を与えられた。要するに目覚めた人間です。このように、自己の意志で決定できる、立派な自立した近代的人間が、人権の主体になっている。そういう考えを現代まで引きずっている人は、いまだにリベラルのなかにもたくさんいます」

確かに、リベラルはインディペンデントであること、自力本願で生きられるクールな人間であることを志向する。それはまったく問題はないのだが、それも行き過ぎると彼らから見てアンクールな人々への許容力が弱まる。

「そうなってくると、人権を持つためには自分の意志を持てとか、個人としての意識の高さが必要だとか、まるで自己啓発セミナーみたいになってしまう。でも、それはフランス革命直後の話で、やっぱりそれじゃうまく行かないから潰れちゃったんですよ。どうして『人権は誰にでもある』という話になったかというと、そうしないと社会はありとあらゆる人を排除していくだけだからです」

と寺中さんは言った。「人権は誰にでも平等に与えられる」というのはキリスト教的な宗教観に基づく欧州のシステムというより、そうしないと世の中がうまく回っていかないからそうなった、というのである。ということは、そういうことを導入しなくても回っていっていた社会には、これまで「誰にでも普遍的に与えられる人権」は必要なかったということにもなる。

ＣＳＲ（企業の社会的責任）のアドバイスもおこなっているという寺中さんは、「何をすれば人権を守ったことになるんですか」とよく聞かれるらしい。ＣＳＲ部門でのＫＰＩ（重要業績評価指標）の数字をいくら出せば人権を守ったことになるのか、というような具体的な数値を企業は求めるという。人権というのは抽象的でよくわからないので、目に見える達成法を教えてくれないと理解できないと言われるそうだ。

「目に見えないとみなさんはおっしゃいますが、見ているはずなんです。路上生活者や差別されている人や他者よりも生きにくい状況に追い込まれている人を必ず見ているはず。でも、それを自分の身の回りで起きていることとして整理してない」

蓋《ふた》をして、襖を閉めて、そこに確かにあることを見ないようにしてきた人々は、これからも人権と関係なく生きていけるのだろうか。

「生徒によく話すんです。例えば、１００円を持っておにぎりを買いに行く。１００円を持てるのはあなたの財力です。財力がなくて誰かに借金したとしたらそれはあなたの人脈ですし、店まで歩いていけるのはあなたの身体能力。お店の人と話ができるのはあなたの語学力です。つまり、私たちはみな何らかのリソース（資源）に頼って生きているわけですよね。これだけの資源によりかからないと、人は１００円のおにぎりさえ買えないわけです。では、自分は自立した人間だと思う人は手をあげてください、と生徒に聞くとみんな一斉に手を上げるんですけどね」

と言って寺中さんは笑う。

「そうじゃないでしょ、という話です。私たちはみな資源に依存して生きている。ところがその資源が消えることもある。お金もそうだし、体の機能が停止するとか、言葉がわからない国に行かなくてはならないとか。そのときに、資源が全部なくなっちゃったとしても、最後まであるのが人権です。逆に言うとそのときまで人権は表に出て来ません。お金があるならお金を使いなさい。友達がいるなら友達に頼りなさい。体力に自信があるならそれを駆使して頑張ればいい。でも、それが全部なくなって頼るものがなくなったとき、底にある蓋が人権です。社会には制度というバケツがあり、このバケツにはけっこう穴が開いているので、それをうまく底で受け止めている蓋が人権なんです」

人権というのは、アフォードする力（日本流「人間の尊厳」）も、コミュニケーション力（相互扶助スキル）も、すべての力を人間が失ってしまったときにそこにあってわたしたちをまるごと受け止めてくれるものなのだ。そう思えば、人権は眉間《みけん》に皺《しわ》を寄せて思索するものでも、ましてやそのために他者を傷つけてまで戦わねばならぬ正義のスローガンでもない。

人権とは、わたしたち一人ひとりを楽にさせてくれるものなのだ。

Don't worry, be happy.

と歌ったのはボビー・マクファーリン（1950年生まれのアメリカのジャズ歌手）だが、まさに人権とはあの歌のように「心配するな。ハッピーでいろ」と言ってくれる社会の仕組みであって、それが確立されていないとすれば、そりゃ「生きづらい」という人が多いのも当然だ。先行きが不安な時代ほど、その仕組みは必要とされるからである。日本人はもっと楽になったほうがいい。

「『人権』という言葉を口にすると、すぐに『左翼』と言われます」

と、もやいの加藤さんと稲葉さんが笑っていた。が、しかし日本の場合は、昔は左翼も右翼も人権派だったという歴史がある。わたしの出身地である福岡は、右翼団体の祖とも言われる玄洋社《げんようしゃ》が生まれた土地だが、頭山満《とうやまみつる》が率いたこの団体は、明治時代に発足したとき、「人民の権利を固守すべし」という憲則条項を設けていた。その頭山満のところには（「社会主義じゃないとダメなんです。どうしてそれがわからないの」と晩年に息巻いていたという）伊藤野枝が借金の申し込みに行っていたし、玄洋社のホラ丸こと杉山茂丸

頭山満（1855–1944）1881年に旧福岡藩士らと玄洋社を結成する

（小説家夢野久作の実父）と大杉栄の交流も知られた話であり、あの時代に社会を変えようと運動していた人々は、右や左といったことよりもまず先に、弱者や貧者に寄り添い、人民の権利を守るのだという共通の大義があった。だからいまよりずっとおおらかに付き合い、各人が各人のやり方で閉塞《へいそく》した社会に風穴を空けようとしていたのだろう。

また、福岡に玄洋社が結成されたのは、地球の反対側でオスカー・ワイルドがこんなことを書いていた時代でもあった。

社会保障は、現在のように天候によって変わったりしない。たとえ霜が降りても大勢の男性が職を失うことも、隣人に施しをねだることも、不快な救護施設の前に群がって一片のパンや汚らしい一晩のねぐらを確保しようとすることもない。すべての社会の構成員が社会の富と幸福を分け合う。だから霜が降りようと、現在より悪い状況になる人はいない。

（Oscar Wilde「The Soul of Man under Socialism」）

19世紀末に英国労働党ができたのは、それまで労働者を代表する政党がなかったたからであり、いまこそ我々はその精神に戻らなければならない。というのはコービンが党首に選ばれたときのスローガンの一つだった。英国に労働党ができた時代、それは日本で「人民の権利の固守」を標榜《ひょうぼう》する右派、左派両方の人々が戦った時代だったのである。

日本で気づいたのは、「この国はまるで戦前のようになっているよ」と嘆く人がたくさんいたということだが、わたしなんかは大いに戻ったほうがいい部分もあるのではないかと思う。

万国の労働者が、失業者が、親たちが、子供たちが、路上生活者が、運動家が、組合員が、そのスピリットが再び連動すべき時代が来ているように思えるからだ。

エピローグ　カトウさんの話

「わたしに会ってください&使ってください」

というタイトルのエントリをブログに公開したのは2015年11月のことだった。

それだけではさっぱりわけがわからないタイトルだが、要するに「来年の1月末から4週間ほど日本に取材に行きますので、貧困者支援、母子支援、子ども支援、非正規労働者支援などの分野で働いておられる方、わたしに取材やボランティア活動をさせてください」と呼びかけたものだった。

この本の取材先はほぼすべてそれで繋《つな》がっていったものだったが、山本雅世《まさよ》さんも呼びかけに応《こた》えてくださった方の一人だった。

「もしご希望の出会いがなければ、世田谷にもおいでください。自主保育と地域の支援に関わっています。ただ世田谷という地域は貧困とは真逆の場所なので、みかこさんが見たいところとは違うのかもしれませんが」

彼女のメールにはそう書かれていた。

自主保育。という言葉にわたしは惹《ひ》かれた。組織から個人に至るまで、子供を預かるすべてのビジネスが政府の教育監査機関に登録しなければならない英国には、もはや自主保育は存在しない。昔はあったが、トニー・ブレア率いる労働党政権が幼児教育改革をおこなった際に、自主保育をおこなっていた親たちに保育士資格を取得させ、自主保育の会を民間保育業者へと転身させている。

英国の自主保育は教会のホールを使うのが常だった。が、日本の自主保育は野外でおこなわれているという。これは天候に恵まれた国にしかできないことである。前述のメールをくださった山本雅世さんたちの自主保育の会、野毛風の子も多摩川の土手で運営されていた。

二子玉川の駅を降りてバスに乗り、多摩川の河川敷に着いたのは、2月の朝のことだった。現地では、すでに木に登っている子供や、気温は低いのにパンツ一丁になって水遊びしている子供など、ワイルドな光景が展開されていた。

日本の自主保育は1970年代に端を発し、源流は二つあるそうで、一つ目は1975年に発足した原宿の青空保育グループ「おひさまの会」。原宿という場所柄か、発足当時はファッションも思想もヒッピー系の親御さんたちの集まりだったらしい。

二つ目は世田谷の羽根木《はねぎ》公園で始まった「ひろば」。こちらは1975年に始まり、後に羽根木プレーパークを拠点として全国の自主保育のモデルとなっていったという。ルーツは原宿と世田谷である。それは低所得層が多い足立区や北区や荒川区ではない。

「世田谷に自主保育を見に行く」

と洋楽ロック好きの人々が集まるバーで言ったら、

「富裕区の自主保育なんて意識高い系の主婦の集まり。そんなところに行ってどうする」

と言われた。

日本で左派を名乗る人々は、こういうことを言うことが多いのにわたしは気づいていた。

「あんなところに行くな」「そんなことをするな」「あんな連中と関わるな」。

彼らはちっともわかっていない。「するな」と言われるとわたしは猛烈にしたくなるのだ。

山本雅世さんの子供たちはすでに風の子を「卒会」（自主保育の会なので「卒園」では

なく、「卒会」と呼ぶのだという）しているが、彼女はいまだに運営に関わっている。風の子は今年で発足26年目になったそうだ。

芝の上の敷物には、ピクニックみたいにバッグや弁当箱が並べられていた。風の強い日だったので、重石《おもし》代わりにあちこちにいろんなものを並べていて、真冬の花見みたいである。

敷物の脇《わき》には子供たちが登りやすそうな適当な高さの木。枝にロープがかけてあって、ブランコ状にぶら下がっている。そこから数メートル先は断崖《だんがい》絶壁と言ってもいいほど傾斜が急なコンクリートの土手だった。上から下までを見おろせば2階建ての家ぐらいの高さはある。そのてっぺんを2歳ぐらいの子供がよちよちと歩いていた。保育士という職業柄、思わずその子を抱き上げて土手から遠く離れた場所に移動させたくなる。木の枝から下がったロープもそうだ。幼児の首が締まって窒息するなどの事故が起きる前に、外して子供たちの手が届かないところに隠したくなる。

しかし、それをしないのが風の子のやり方だった。

風の子は区の助成金と会員の会費で運営されている。3歳までは母親自身が子供の面倒を見ることが原則で、4歳になると当番の「預け合い」制が始まる。この日も10人あまりの子供を4、5人の母親たちが面倒を見ていた。2歳ぐらいの子供が、四《よ》つん這《ば》いになってコンクリートの断崖絶壁を下り始めた。が、母親はそばに立ってじっとその様子を見ているだけだ。

ロープが下がった木の近くでは、少年たちが何やら言い合いをして木の枝でつつき合ったりしている。

保育士という職業柄、思わずその木の枝を取りあげて危険な状況を回避し、喧嘩両《けんか》成敗の説教を開始して「さあソーリーを言い合って互いをハグし、仲直りしなさい」と言いたくなる。が、遠巻きに彼らを見ている母親の一人は何ら介入もせずに眺めているだけだ。

なるほど、これは「自治」なんだなと思う。

「こういうやり方に疑問を覚えて退会するお母さんたちもいる」と当番の母親の一人が言っていた。

社会や政治も同じだなと思った。

介入しなければネオリベだのアナキストだの言われて、介入すればナニー・ステイト（過保護な乳母《うば》のような国家）だのコミュニストだの呼ばれる。

保育は政治によく似ている。

大人でも降りるのが大変な断崖絶壁を降りて下段の土手に辿《たど》り着くと、洪水で根こそぎ倒されたという大木が枯草に覆《おお》われていた。それはちょうど難破した船のように見えた。子供たちが幹の上で飛んだり跳ねたりしているので近寄っていくと、

「来るな、これは俺たちの船だ！」

「お前は誰だ？　そんな眼鏡ババアは俺たちは知らない」

と言われた。

いったいどこがハイソなのか、口の悪い子供たちには、昭和のかおりとイングランドの匂《にお》いがした。

ふっと川のほうを見れば、点々と川の流れのなかに置かれたコンクリートの石をつたって遊んでいる幼女たちもいる。

保育士という職業柄、……と考えるのはもうやめた。ここには保育士はいらないのだ。

どこからか山本さんがやって来て、退屈そうに一人で河原の石を拾っている男児の頭に手をあてて言った。

「カトウさんのおうちに行こうか」

「うん」

男児は立ち上がって山本さんの手を取った。

「みかこさんも一緒に行きましょう」

と言われ、わたしも慌《あわ》てて後をついて行く。

山本さんたちはコンクリートの断崖絶壁を上がり、土手沿いに続くあぜ道をまっすぐ歩いていった。カトウさんというのは、きっと川沿いのマンションに住んでいる風の子の会員か何かのことだろう。と思っていたが、山本さんはいつまでたってもあぜ道を直進するだけだ。

「あれえ、カトウさんいないみたいだねえ」

立ち止まって山本さんたちが覗《のぞ》き込んでいる先をわたしも見た。が、そこにはちょっとした繁《しげ》みがあるだけで、ぱんぱんに膨れたビニールのゴミ袋がいくつも地面に置かれていた。鍋《なべ》やペットボトルもあり、繁みの枝に通されたロープには濡《ぬ》れた衣服が数着干してある。

「カトウさん、お仕事からまだ帰って来てないみたいだね」

と山本さんは言い、あぜ道を挟んで反対側にあった廃品置き場みたいなところに男児の手を引いていった。草の上に散在しているのは子供用の玩具《おもちゃ》ばかりだった。真ん中にテーブルが置かれていて、その上には汽車の玩具やミニカーなどが「遊んでください」と言わんばかりに魅力的に並べてある。

「カトウさん、何かまた新しいの拾って来てくれたみたいだよ」

山本さんはそう言って、子供用キッチンの玩具を触っていた。

「あの、もしかして、カトウさんのおうちというのは、ここなんですか？」

わたしは山本さんに聞いてみた。

「そうです。で、ここはカトウさんが子供たちのために拾って来た玩具を置くスペースにしてくれているんです」

山本さんはまるで当たり前のことを言うようににっこり笑って言った。ふと彼女の足元を見ると、「風の子　あそびどうぐおきば　あそんだあとはもどしてネ　風の子より」とマジックで書かれた古びた白い木の札が落ちている。

「カトウさん、ここからお仕事に行かれているんですか？」

と聞くと、山本さんが答えた。

「そうなんです。朝はゴミを拾いに行かれて、お昼ぐらいに帰って来て、お昼寝をして、その後に風の子に来て子供たちと遊んでくれます。ゴミ拾いをされるときに玩具を見つけたら、拾って来てここに置いといてくれるんです」

そう言って山本さんは大型の玩具を指さした。

カトウさんの玩具

「拾って来たものを使って子供たちの乗り物をつくってくれたりするんですよ。ほら、このオートバイなんか子供たち大好きです」

それは本物のオートバイのサドルの部分に、自転車のハンドルと台車の車輪を取りつけたユニークな形の乗り物で、部品を繋ぎ合わせるのに使用した蛍光イエローのガムテープがクールなアクセントになっていた（写真左）。ほかにも、木の箱に小さなタイヤをつけて車のハンドルと木馬の頭部を取りつけたもの（写真中央）や、冷蔵庫のラックを棚のようにして手押しカートに取りつけたものなどがあり、カトウさんのクリエイティビティを感じさせた。

「おいくつぐらいの方ですか？」

「60歳です」

「すごい器用な方ですね」

「元は大工さんだったそうです」

「いつごろから子供たちと遊んでいらっしゃるんですか？」

「10年ぐらい前だと聞いています。毎年、3月になると卒会式でカトウさんがスピーチされています。彼は風の子の一部なんです」

山本さんは爽《さわ》やかに笑っているが、わたしは動揺していた。

これは英国ではありえないと思ったからだ。

わたしが保育士の資格を取ったときに師事したアニーという女性は、ブライトンの最貧困区で子供たちを預かる無料託児所を立ち上げた人で、超がつくほどのレフトでリベラルな幼児教育者として市内でも有名だった。3歳児や4歳児をずらりと前に座らせ、「世の中には、仕事をする大人もいますが、仕事をしないことを選ぶ人もいます。それは各人が、それぞれ自分で決めることです」と彼女が教えていたときには、日本人のわたしなどはある種の衝撃を受けた。

しかし、そんな彼女でさえ、ホームレスの人が子供たちと遊ぶことは絶対に黙認しないだろう。幼児保護の問題や安全衛生上の問題をまず考えるはずだ。英国の路上生活者には依存症やメンタルヘルスの病を抱える人が多いという統計上の懸念《けねん》だってある。

東京随一の富裕エリアと言われる世田谷区の母親たちはこのことに違和感を感じていないのだろうか。

「子供たち、カトウさんとこに遊びに行くのが大好きなんです。いろんなものをつくってくれるし、すごくクールな人だと思っている」

「一度、子供たちに飴《あめ》をくれたことがあったんですけど、さすがに食べ物はやめてくださいと言いました。あはは」

「毎日、子供たちとする遊びを計画してきてくれるんです。今日は石に絵を描くぞ、とか言って、石をたくさん集めて、マジックをいっぱい持ってきてくれたり、朝のお仕事で針金をいっぱい拾ってきたときには、子供たちと針金工作をしたり」

と言ってみんな呑気《のんき》に笑っている。

そうやってお弁当を食べている間にも、1台のリヤカーがわたしの脇をするする通り過ぎていった。

「あれもカトウさんが寄付してくれたんです」

やっぱり。と思っていると、母親たちの一人が言った。

「やはり世田谷に、野外保育を実践している保育園があって、よく使っている公園に住んでいる方がいらっしゃって、子供たちと一緒につくしを取りに行ったり、公園に生えている木のことを教えてくれたりして、名物みたいな存在になっているみたいです。で、何も知らなかったお母さんが、園長先生に『あの方は、誰ですか？』と聞いたら、園長先生が、『ああ、あの方は当園のネイチャー・ガイドです』と答えたそうです」

どっと笑いが起き、それが収まったころ、以前は渋谷区に住んでいたという母親がぽつりと言った。

「私は代々木公園でやっている自主保育にも参加していたんですけど、あそこではこんな風に直接交流はなかったです。辛《つら》かったのは冬の朝でした。凍死された方がいらっしゃると、救急車とか来ているし、子供たちに説明するのが難しかった」

ぽかぽかと陽気に晴れた多摩川の河川敷で、子供たちがリヤカーを押したり、蛍光イエローのガムテープが光るミニ・オートバイに乗って遊んでいる牧歌的な光景を見ていると、自分が現実の世界に立っているとは思われなかった。ランチの後も子供たちにせがまれてカトウさんのところに行ったが、彼の姿はなかった。解散時刻の14時になると、次々と子供を迎えに母親たちが現れ、当番の母親たちと合流してみんなで輪になった。毎日解散時刻にはその日に起きた出来事を報告し合うミーティングをおこなうらしい。

「今日は、○○と○○がジョウロを取り合って川辺で喧嘩になって……」

「○○が木から落ちてお尻《しり》を打って、ちょっと赤くなってたから後で痣《あざ》になるかも……」

母親たちは今日起きたことや気づいたことを一人ずつ順番に喋《しゃべ》っていく。

あれ？　と思った。

母親たち全員がここに並んでいる。ということは、子供たちの面倒は誰が見ているのだろう。と思ってわたしは背後を振り返った。

遥《はる》か彼方《かなた》に、お尻のあたりが泥だらけになったダボダボの白い幅広ズボンを風にはためかせ、子供を肩の上に乗せて走る建築現場作業員風の小柄な男性の姿があった。まるで転がる飴に群がる蜂《はち》のように子供たちも後ろから彼を追いかけて走る。

その様を凝視しているわたしに気づいて、隣に立っていた母親が言った。

「あれがカトウさんです。私たちがミーティングする時間になるとどこからともなく現れて、子供たちを見ていてくれるんです」

「……そうかなと、思いました」

別の母親も言った。

「すごいでしょ。カトウさん大人気なんです」

「みんなのお爺《じい》ちゃんなんです。ここに来ている子供たちのほとんどが、田舎の本当のお爺ちゃんには年に1回ぐらいしか会ってないですから」

自分の父親が土建屋なのでファッション的にカトウさん系だという事情もあり、ちょっとその場にそれ以上いてはヤバいような感情がこみ上げてきたので、わたしはくるっと母親たちのほうに向き直り、唐突とは思いながらも、

「今日はどうもありがとうございました」

と挨拶《あいさつ》した。

「カトウさんとお話しになられませんか？」

とたずねられたが、滅相もないと思って首を振った。

わたしは母親たちの輪から抜け、道路の方角に向かって歩き始めた。「待て、カトーッ」「次は俺を肩車しろーっ」と叫ぶ子供たちの声が遠くから聞こえている。

河川敷から階段を上がって道路に出ると、ちょうどバス停にバスが止まっていたので、わたしはそれに飛び乗った。座席に座ると窓の向こうに河川敷を走り回るカトウさんと子供たちの姿が小さく見える。得体の知れない感情が湧《わ》き上がってきたのでわ

たしは視線を前方に移した。

コレクティヴ・マインドセットという言葉がある。ある集団に特有の考え方、ものの見方のことであり、そんなものは存在しないと言う人もいるが、わたしはあると思う。一億総中流主義などはまぎれもなく日本のコレクティヴ・マインドセットだろうし、それを形成するのはその集団の歴史であり、伝統であり、何より現在おかれている環境だ。

階級なんて存在しない、格差はあっても自分たちはみんな同質なのだと言い続けてきた国は、息苦しい、息苦しいとそこに住む人々が言うわりには奇跡のような場所で閉塞《へいそく》に穴が空いている。ここはどこか、おとぎの国のようにわたしには思えた。

「日本は革命ではなく、衰退で変わると思う」

酒場で会ったある人はそう言った。ならば、おとぎの国のマインドセットも、その途上で変わっていくに違いない。カトウさんと母親たちと子供たちはこの国の来たるべき変化の前にあるものを、これから変わる、いや変わるべきものを象徴しているのだ。

けれどもそう思うのなら、本当にそう確信できるのなら、どうしてこんなに自分が泣いているのかわたしにはわからなかった。

バスのなかでいつまでも崩壊しているわけにもいかないので、バサバサに乾いた英国の寒い午後のことを考えようとした。

冬でも日が射《さ》す国を後にして、わたしは灰色の国で闘うように生きる日常に戻る。

ゆっくりとバスは出発し、川沿いの道を進んでいった。

きらきら光る窓の後方にカトウさんと子供たちの姿が流れて消えた。

あとがき

２０１６年２月末に取材を終えて日本から帰国し、この本が出版されるまでの半年は、英国にとって激動の期間だった。

６月の国民投票でＥＵ離脱が決定し、キャメロン元首相が官邸を去り、テリーザ・メイ首相が誕生した。離脱派のまさかの勝利が「権力が欲しかったエリートのプロパガンダに騙《だま》されて排外主義に走った愚衆の過《あやま》ち」だったとはわたしは思わない。物事はそんなに簡単に「正」か「誤」かで理解できるものでもないし、一国の歴史がそんなにわかりやすく一方向の力で動くものでもない。

地べたで暮らす労働者として日々の生活のリアルから直感することは、この「愚衆の怒り」には保守党の緊縮財政政策が関係していたのは間違いないということだ。キャメロン元首相の政権は、財政の均衡化を優先課題に掲げ、社会の末端で餓死者が出ても、子供の貧困率を押し上げても、障害者の生活保障を極限以下に削減して国連の調査が入るというたいへん不名誉なことになってもひたすら財政赤字削減を推進してきた。それがどれほど社会の末端を荒れさせてしまったか、為政者や知識人には見えていなかった。

「欧州は緊縮病にかかっている」とよく言われるが、この依存症にも似た病にはショック療法が必要だったのかもしれない。EU離脱が決まってから、S&Pやフィッチなどの格付け会社がいっせいに英国の格付けを下げ、ポンドは急落、銀行や不動産、建設業の株価が下がり、英国の景気後退はどこまで進むかエコノミストたちが様々な予測を発表している。

メイ首相は強硬緊縮派のオズボーン財相を新内閣から外した。もはや英国には、2020年までに財政均衡を果たすなどと言っている余裕はない。離脱派の勝利は、反緊縮派が終わらせることができなかった緊縮財政を終わらせることになると予言している経済学者もいる。

こんなことになるまで為政者には緊縮の危険さがわからなかったのか。と思うが、庶民は何年も前から知っていた。

保守党が政権を握って以来、ブライトンにも目に見えてホームレスの人々が増えている。さびれた商店街を歩けば30メートルごとに誰かが店の前に寝袋を敷いて横になっているような状況になれば、国がヤバい状況になっていることは愚衆にだってわかる。

英国にラヴ・アクティヴィスツと呼ばれるホームレス支援団体がある。2014年のクリスマスにロンドンの金融街シティで空き家になっていた元大手銀行のビルを占拠してホームレスの人々のためにクリスマス・ディナーを提供しようとして揉《も》めた一件で有名になった。そのときのことは、拙著『ヨーロッパ・コーリング』に書いているが、その団体の支部がブライトンにもできた。ブライトンの中心部にクロックタワーと呼ばれる時計台があり、その下はちょっとした広場になっているのだが、ラヴ・アクティヴィスツは定期的にそこで食料やリサイクルの服、日用品を配っている。また、時計台の下部にはホームレスの人々の写真や遺品、蠟燭《ろうそく》、風船や花束が飾られていて、亡《な》くなられた野宿生活者たちを追悼する祭壇になっている。

先日、自転車を押しながらそこを通りかかり、いつものように祭壇の前で手を合わせていると、見覚えのあるTシャツが蠟燭の脇に掲げられていた。それは「坂本龍馬」と漢字で書かれた黒いTシャツだ。あっ。と声が出そうになった。昨年、別のボランティア団体のスープの配給に参加した時、このTシャツを着たホームレスの人と話をしたことを覚えていたからだ。「あ、それ日本のTシャツだ！」と言うと、彼は慈善施設のリサイクルの服の箱の中で見つけたのだと言い、「中国語かと思っていた」と笑っていた。

わたしはいつもより長く祭壇に手を合わせて祈り、ふと後ろを振り返った。ベンチには疲れ切った顔つきの野宿生活者たちがずらりと並んで腰かけていた。

何でもかんでも政治のせいにするなと言う人もいる。

だが6年前に保守党政権が緊縮政策を始める前は、ここにはホームレスの人なんて一人も座っていなかった。亡くなった野宿生活者たちの祭壇なんてここには存在しなかったのである。

自転車で帰宅してPCを立ち上げると、東京の自主保育の会、野毛風の子の山本さんからメールが来ていた。添付画像を開くと、小学生ぐらいの子供たちが大きな手作りのバースデーカードとリボンがついたプレゼントの包みを手にして笑っている。メールにはこう書かれていた。

「今日は風の子に加藤さんが多摩川の桃をもいで来てくれて、みんなで食べました。あと、ついこの前、加藤さんの誕生日だったのを、小学生の女子達(うちの娘含む)がお小遣いを出し合ってプレゼントを買い、寄せ書きをして河原に届けに行きました。その計画を立てるとこから実行まで、彼女達が本当に楽しそうで幸せそうで、加藤さんにどれだけ可愛《かわい》がられたかを、改めてしみじみ想《おも》っていたところです」

半年前の東京のことを思い出した。風は強かったが、曇りなく晴れた透明な日。添付画像の子供たちの背後にも青空が広がっている。そこへ行くと英国はやはり、全然違う。さっきからざばざば大雨が降り出していて、7月なのに肌寒いのでセーターを頭から被《かぶ》ったところだ。

クロックタワーの下の祭壇で濡《ぬ》れそぼっているだろう「坂本龍馬」のTシャツを思った。まったく違う英国と日本だが、何かがずっとシンクロし続けていることをわたしは感じている。

この本は、わたしの呼びかけに答えてくださった多くの方々のご協力のおかげでできたものです。平井玄さん、山口素明さん、布施えり子さん、權田菜美さん、藤田孝典さん、奥田裕之さん、中村光男さん、國分功一郎さん、猪熊弘子さん、寺中誠さん、桜井智恵子さん、桜井啓太さん、野田努さん、二木信さん、佐川敏章さんとエキタスのみなさん、藤原望さん、高沢幸男さん、稲葉剛さん、大西連さん、加藤歩さん、山本雅世さんと風の子のみなさん、そしてカトウさんこと加藤さん（お誕生日おめでとうございます）。みなさんの存在なしにはこの本は書けませんでした。深く感謝しております。

そして、いろんな場所に一緒に取材に行ってくださった太田出版の綿野恵太さん（そもそも英国在住の無名の保育士をしばらく日本に滞在させて何か書かせてみようという彼の無謀な思いつきから始まった本でした）、70年代末にロンドンに住んでいたセックス・ピストルズ好きという意外な過去を持つボスの落合美砂さん、『atプラス』編集長の柴山浩紀さん、いろいろとお世話になりました。

そしてここまで読んでくださったすべての方々、どうもありがとうございました。

またどこかでお会いしましょう。

ブレイディみかこ

解説

荻上チキ

ブレイディみかこが『THIS IS JAPAN』を著してから3年。アメリカではトランプが大統領となり、イギリスではメイに代わってボリス・ジョンソンが首相となった。停滞、格差、分断がキーワードとして繰り返し取り上げられる中、旧来の「右vs.左」とは異なる「上vs.下」の構図が、瞬間的には描かれる。しかしすぐさま、人々の高まった不満は、ポピュリズムの構図へと着地する。

ポピュリズムはそれ自体、悪ではない。衆愚政治や大衆迎合と訳されることもあるが、直訳すれば大衆主義となる。「エリートたちの政治はうまく機能しておらず、我々の不満を解消できていない」。このようなリアリティから唱えられる反エリート主義は、人々の政治的関心を高め、動員に成功する。

問題は、そのポピュリズムが何と結びつき、どこにいくか、だ。反移民と自国第一主義との結びつきは、今や欧米各国で観測できる。他方で、反貧困・福祉強化を訴えるサンダースやコービンといった、再燃する左派的ムーブメントも発生している。「我々の不満」に対して、どのような処方箋《せん》を提示するか。薬を欲する人々は、時に偽薬も劇薬も併せ飲む。

ここですぐさま、西洋以外の地域にも目を向けなくてはならない。例えばシリア。例えば香港。ボリビア。チリ。パレスチナ。チベット。ソマリア。ウイグル。ビルマ（ミャンマー）――。国や地域の数以上に人権問題があり、議会制民主主義や対話がそもそも機能し難い状況が今なお続いている。欧米で起きていることだけをもとに、図式的な普遍主義を語ることはできない。各国の状況を見比べる、グラスルーツの目線を重ねること抜きに、社会の展望を描くことはできない。

＊

日本では、公文書問題や閣僚の「政治とカネ」問題が相次いだが、安定した支持率で安倍政権が続いてきた。リーマンショックからの回復を経て、経済状況が改善していることから、現状への不満が高まり難いこともあるだろう。明らかな弛緩《しかん》が放置されていても、代替野党が育たなければ、「他にいないから」と現状維持となる。そこでは批判的思考よりも、権威主義とシニシズム（冷笑主義）が育てられる。

景気低迷からの回復に失敗した麻生政権を経て生まれた民主党政権も、一つのポピュリズム現象だった。生活第一を掲げて人気を獲得したものの、すぐさま緊縮と包摂の矛盾にぶつかった。果てに、野田政権時の税と社会保障の一体改革。その中での消費増税は、安倍政権においても撤回されることなく維持された。「民主党政権と安倍政権」は一対の現象だ。

金融政策は行うものの、大規模な財政出動を行わない安倍政権に対し、リベラルなメディアですら、反緊縮という声はあげなかった。「財政赤字に立ち向かえ」「将来にツケを残すな」という美しい言い回しで、むしろ緊縮路線を支持している。特に新聞は、「責任」という言葉を用いて、人々に「痛み」を押し付けるのが好きだ。自分たちはちゃっかりと、悪名高き「軽減税率」という毒饅頭《どくまんじゅう》を喜んで頬張っているが。

ポピュリズムの受け皿としては、都民ファーストの会、NHKから国民を守る党、れいわ新選組といった、新たなプレイヤーが、その都度出現している。代替となる党はまだ育っていない。日本での、グラスルーツを重ねて厚みのある政党政治へと育てていく必要性は、一層高まっている。

*

さてここまでは、本書を読むための最低限の補助線だ。こうした現状で、何を書くか。ニュースを共有するジャーナリストや、概念を共有する評論家と異なり、ライターのブレイディみかこは、風景を共有する。何かを語り、変えようとするためには、風景が共有されなければ始まらない。

ヨーロッパでも、一人の子供の死が、その写真という風景が、移民擁護の議論を強化した。日本でも、虐待死《ぎゃくたいし》の事件が、繰り返し報じられた風景が、児童相談所や保育の拡充を求める議論へと接続した。彼女が取材対象としている路上では、「年越し派遣村」などの風景の共有が、政権交代を支えるリアリティにもなっていた。風景の共有は、議論の礎《いしずえ》となる。

本書で主に取り上げられるのは労働問題。ブレイディは、個別の現場に足を運び、視点の高さを操りながら語ることで、読者の解像度を上げてくれる。解像度の高い風景を共有することで、「あれ、どう思う？」と問いあう議論が成立する。

彼女には、ラジオ番組「荻上チキ Session-22」に何度かゲスト出演をしてもらったことがある。『女たちのテロル』（岩波書店、２０１９）を下敷きに、金子文子やサフラジェットの話題を取り上げた回のＣＭ中には、伊藤野枝の話で盛り上がったのを覚えている。『いまモリッシーを聴くということ』（ele-king books、２０１７）の話をした際には、人が人を嫉《そね》む力の強烈さについても雑談を交わした。

彼女が駆使するのは、大衆思想だ。フーコーやカントといった大きな天才の言葉を使うのではなく、もがき続けたアクティビストや表現者の言葉に惹《ひ》かれているように思える。あらゆるものをパッチワークするのは、抵抗文化の基本だ。日英の大衆思想を往復することで、凝り固まりつつある言語体系を攪拌《かくはん》することが、ブレイディの得意技である。

初めてお会いした時から、距離感の取り方が不思議な人だなという印象がある。前から知っていた親戚《しんせき》のような温度感。卓球パートナーのように、心地よい言葉のラリーが続く。物腰と頭の柔らかさ、足腰の強さ。そうした武器が、彼女の筆力を支えているのだろう。

単行本版が出てから文庫版が出るまでの間に、チャイルディッシュ・ガンビーノの「This is America」という曲が大ヒットした。アメリカの黒人差別や銃社会について、戯画化されたミュージックビデオのセンセーショナルな表現が話題になった。ブレイディの筆致に、戯画化はない。ウェブ空間ではしばしば、目を覆《おお》いたくなるような国内ニュースが報じられるたび、(映画『アベンジャーズ』の日本版コピー「日本よ、これが映画だ。」をパロディして)「世界よ、これが日本だ」という自虐的文句が書き込まれる。だが、『THIS IS JAPAN』には、嘲笑《ちょうしょう》的な意味合いもない。例えば本書でも紹介されているように、日英双方に、保育文化の長所と短所がある。出羽守《でわのかみ》として一方的に「進んでいるあちらの国（を知っている進んでいる自分）」をプレゼンするのではなく、日本にはイギリスを、イギリスには日本を紹介する形で、それぞれの文化圏を思考のテーブルに載せる。彼女は読者を、対等な相手としてみている。海外にも、日本にも、そして『ぼくはイエローでホワイトで、ちょっとブルー』（新潮社、2019）に描かれたような、未来の社会を生きる若者にも。全《すべ》ての人に、「これが、今の、日本だよ」と等身大を提示する。

数々のエッセイを書きつつ、一人の市民としても、日本の反緊縮運動などにコミットする。緊縮を求めてきた清貧なインテリ左派ではなく、反緊縮を訴える泥臭いアクティブ左派というロールモデルを、その身をもって示してもいる。少なくとも現代日本の表現世界においては異色な書き手である。

なお、本書に登場する映画『SUFFRAGETTE』はその後日本公開されたが、その際には「未来を花束にして」というジェンダー化されたタイトルがつけられたことについて、不満を述べる人が少なからずいた。ケン・ローチの『わたしは、ダニエル・ブレイク』も日本公開された。『万引き家族』の是枝裕和《これえだひろかず》監督との対談模様がＮＨＫ

で特集され、政治的課題を指摘すると「愛国的でない」という批判が来る現状で、表現者の矜持《きょうじ》を確認しあっていた。

今、日本では排外主義的な言説に加え、リベラルやフェミニズムに対する「アンチ」の言説も育っている。野党議員も、「自分は保守」とアピールすることに余念がなく、レフトだと見なされることは侮辱と捉《とら》えている向きもある。

本書が指摘するような中流意識が雲となり、格差や貧困を覆い隠しているフェーズから、露悪意識さえ欠けたむき出しの攻撃が暴雨のように加速した時。真ん中であること、どっちもどっちであること、表面的な和を以《もっ》て貴《とうと》しとしてきた人々が、排斥や不正義を黙認することにもなりかねない。その時が来ないように、あるいは来たとしてもプロテストできるように。ブレイディみかこは、歴史を紡《つむ》ぎ、海を越え、言葉の種を社会に蒔《ま》く。

（令和元年十一月、評論家）

この作品は二〇一六年八月太田出版より刊行された。

著作権者との契約により、本著作物の二次及び二次的利用の管理・許諾は株式会社太田出版に委託されています。

NHKスペシャル取材班著
高校生ワーキングプア
―「見えない貧困」の真実―
進学に必要な奨学金、生きるためのアルバイト……「働かなければ学べない」日本の高校生の実情に迫った、切実なルポルタージュ。

林 芙美子著
放浪記
貧困にあえぎながらも、向上心を失わず強く生きる一人の女性――日記風に書きとめた雑記帳をもとに構成した、著者の若き日の自伝。

坂口安吾著
堕落論
『堕落論』だけが安吾じゃない。時代をねめつけ、歴史を嗤い、言葉を疑いつつも、書かずにはいられなかった表現者の軌跡を辿る評論集。

ディケンズ
加賀山卓朗訳
オリヴァー・ツイスト
オリヴァー8歳。窃盗団に入りながらも純粋な心を失わず、ロンドンの街を生き抜く孤児の命運を描いた、ディケンズ初期の傑作。

ジョイス
柳瀬尚紀訳
ダブリナーズ
20世紀を代表する作家がダブリンに住む人々を描いた15編。『フィネガンズ・ウェイク』の訳者による画期的新訳。『ダブリン市民』改題。

B・ヴィアン
曾根元吉訳
日々の泡
肺に睡蓮の花を咲かせ死に瀕する恋人クロエ。愛と友情を語る恋人たちの、人生の不条理への怒りと幻想を結晶させた恋愛小説の傑作。

新潮文庫最新刊

原田マハ著
常設展示室
―Permanent Collection―
ピカソ、フェルメール、ラファエロ、ゴッホ、マティス、東山魁夷。実在する6枚の名画が人々を優しく照らす瞬間を描いた傑作短編集。

久間十義著
限界病院
過疎地域での公立病院の経営破綻の危機。市長と有力議員と院長、三者による主導権争い……。地方医療の問題を問う力作医療小説。

梓澤要著
方丈の孤月
―鴨長明伝―
『方丈記』はうまくいかない人生から生まれた！ 挫折の連続のなかで、世の無常を観た鴨長明の不器用だが懸命な生涯を描く。

瀧羽麻子著
うちのレシピ
小さくて、とびきり美味しいレストラン「ファミーユ」。恋すること。働くこと。生きること＝食べること。6つの感涙ストーリー。

望月諒子著
蟻の棲み家
売春をしていた二人の女性が殺された。三人目の殺害予告をした犯人からは、「身代金」が要求され……木部美智子の謎解きが始まる。

千早茜・遠藤彩見
田中兆子・神田茜
深沢潮・柚木麻子 著
町田そのこ
あなたとなら食べてもいい
―食のある7つの風景―
秘密を抱えた二人の食卓。孤独な者同士が集う居酒屋。駄菓子が教える初恋の味。7人の作家達の競作に舌鼓を打つ絶品アンソロジー。

新潮文庫最新刊

宮本輝著　堀井憲一郎編

もうひとつの「流転の海」

全巻読了して熊吾ロスになった人も、まだ踏み込めていない人も。「流転の海」の世界を切り取った名短編と傑作エッセイ全15編収録。

乃南アサ著

美麗島紀行
―つながる台湾―

台湾、この島には何かがある。故宮、夜市だけではない何かが――。私たちのよき隣人の知られざる横顔を人気作家が活写する。

文月悠光著

臆病な詩人、街へ出る。

意外と平凡、なのに世間に馴染めない。そんな詩人が未知の現実へ踏み出して……。18歳で中原中也賞を受賞した新鋭のまばゆい言葉。

山極寿一　小川洋子著

ゴリラの森、言葉の海

野生のゴリラを知ることは、ヒトが何者かを自ら知ること――対話を重ねた小説家と霊長類学者からの深い洞察に満ちたメッセージ。

佐藤優著

生き抜くためのドストエフスキー入門
―「五大長編」集中講義―

国際政治を読み解き、ビジネスで生き残るために。最高の水先案内人による現代人のための「使える」ドストエフスキー入門。

「選択」編集部編

日本の聖域《サンクチュアリ》　ザ・コロナ

行き当たりばったりのデタラメなコロナ対策に終始し、国民をエセ情報の沼に放り込んだ責任は誰にあるのか。国の中枢の真実に迫る。

新潮文庫最新刊

土井善晴著
一汁一菜でよいという提案
日常の食事は、ご飯と具だくさんの味噌汁で充分。家庭料理に革命をもたらしたベストセラーが待望の文庫化。食卓の写真も多数掲載。

S・モーム
金原瑞人訳
人間の絆（上・下）
平凡な青年の人生を追う中で、読者は重たい問いに直面する。人生を生きる意味はあるのか——。世界的ベストセラーの決定的新訳。

松岡圭祐著
ミッキーマウスの憂鬱ふたたび
アルバイトの環奈は大きな夢に向かい、一歩ずつ進んでゆく。テーマパークの〈バックステージ〉を舞台に描く、感動の青春小説。

葉室麟著
玄鳥さりて
順調に出世する圭吾。彼を守り遠島となった六郎兵衛。十年の時を経て再会した二人は、敵対することに……。葉室文学の到達点。

飯嶋和一著
星夜航行（上・下）
舟橋聖一文学賞受賞
嫡男を疎んじた家康、明国征服の妄執に囚われた秀吉。時代の荒波に翻弄されながらも、高潔に生きた甚五郎の運命を描く歴史巨編。

西條奈加著
せき越えぬ
箱根関所の番士武藤一之介は親友の騎山から無体な依頼をされる。一之介の決断は。関所を巡る人間模様を描く人情時代小説の傑作。

THIS IS JAPAN

英国保育士が見た日本

新潮文庫　ふ－57－1

令和二年一月一日発行
令和三年十一月十日八刷

著者　ブレイディみかこ

発行者　佐藤隆信

発行所　株式会社新潮社

郵便番号一六二―八七一一
東京都新宿区矢来町七一
電話 編集部(〇三)三二六六―五四四〇
読者係(〇三)三二六六―五一一一
https://www.shinchosha.co.jp

価格はカバーに表示してあります。

乱丁・落丁本は、ご面倒ですが小社読者係宛ご送付ください。送料小社負担にてお取替えいたします。

印刷・株式会社光邦　製本・株式会社大進堂

© Mikako Brady 2016　Printed in Japan

ISBN978-4-10-101751-8 C0136